做个兴高采烈的人

立品图书·自觉·觉他
www.tobebooks.net

因为相信

余歌 著

责任编辑：陈曦
装帧设计：亿点印象

图书在版编目（CIP）数据

因为相信 / 余歌著 . -- 深圳：深圳报业集团出版社，2014.2
ISBN 978-7-80709-550-7

Ⅰ . ①因… Ⅱ . ①余… Ⅲ . ①余歌－自传 Ⅳ . ①K828.4

中国版本图书馆 CIP 数据核字 (2013) 第 273299 号

因为相信
Yinwei Xiangxin

余歌 著

深圳报业集团出版社出版发行
（518009 深圳市深南大道 6008 号）
三河市华晨印务有限公司印制 新华书店经销
2014 年 2 月第 1 版 2014 年 2 月第 1 次印刷
开本：787mm×1092mm 1/16
印张：14 字数：127 千字
ISBN 978-7-80709-550-7 定价：35.00 元

深报版图书版权所有，侵权必究。
深报版图书凡是有印装质量问题，请随时向承印厂调换。

聪明的余歌，勤奋的余歌！

唯有永远坚守自己的文化之根，才能更深入地洞察世界与自身，才能从伙人文化中吸吮我之所缺的营养。

沉浸于凡俗文化中，然后超越之，即可见到一个无穷的世界，即可打破"小时了了，大未必佳"的魔咒，永远攀升。

许嘉璐 二〇一三年十二月廿方

编者注

年轻作者余歌的这部作品，在出版的过程中得到了不少长辈的鼓励和帮助，包括中华文化发展促进会会长、原全国人大常委会副委员长许嘉璐先生在该书付印前也欣然题词。余歌很年轻，但已经在国际艺术文化交流方面做出了突出的成绩。中国的文化自觉和文化自信，就是要靠我们大家特别是像余歌这一代年轻人的生命风采展现出来。

余歌的书中有两个关键词，一个是"梦想"，另一个是"相信"。她的发问很精彩："是现实让我们远离了梦想，还是梦想远离了我们？是我们没有了梦想，还是失去了追逐梦想的动力，所以自欺欺人不去想这件事情？"相信梦想，相信天地间有至真、至善、至美的存在，这就是朴素的信仰。信仰并不飘渺，也不等同于对某一种理论、某个人的说法的迷信，它就来自我们每个人心头的活水源头。

直到今天，世界上还有一些人认为中国人是没有信仰的。这种误解甚至影响了对中国的看法和态度。因为一个没有信仰的人是可怕的人，一个没有信仰的民族当然也是可怕的民族。我们要通过我们具体的言谈举止，对生命、对生活的态度来告诉世界，中国人是有信仰的。这个信仰简单地来说，引用费孝通先生的十六个字，就是"各美其美，美人之美，美美与共，天下大同"。相信未来的中国会成为更加开放、高度文明的国家。对于一个开放的国家而言，人人都是外交家，而在一个高度文明的国家里，人人都是文化使者。

推荐序 我眼中的余歌

我认识余歌，是因为她是北京大学国际关系学院的学生，同时又是北京大学艺术团交响乐团的一位乐手。与此同时，余歌还在北京大学艺术学院文化创意产业高级研修班学习。余歌成绩优秀，性格活泼，从小受到的各种艺术形式的滋养培养了她对艺术的热爱。特别是余歌考上北京大学以后，更是受到了这里丰厚文化传统的熏陶和影响。正是在这些影响下，她迅速地成长起来。

余歌真是一路追着梦想在人生的道路上奔跑。特别是后来到了美国，她在纽约一家顶尖艺术家经纪公司跟国际第一流的艺术家在一起工作。毫无疑问，把中国音乐介绍到国外，把国际上优秀的音乐家引荐到中国来，在这方面，余歌既有条件，又有优势和眼光。

余歌是通过音乐来推动中西方文化交流的。她的成长经历可以给我们今天在校的大学生们很多启示。我们既要熟悉和了解中国优秀的传统文化，又要熟悉和了解西方的，只有将两者结合起来，才能做到真正的传播。我曾经用一句话来概括中国艺术如何走向海外，那就是"用现代的艺术语言体现中国优秀的传统文化"。

从目前享誉世界的华人艺术家的成功经验中，不难找到许多例证。例如，广受赞誉的华人建筑艺术家贝聿铭先生就是用现代的建筑语言体现中国优秀的传统文化；旅居法国刚去世的著名华人画家赵无极先生就是用现代的绘画语言表现民族的传统精髓；还有奥斯卡奖得主华人导演李安，正如李安自己在《卧虎藏龙》获奖之后所讲："我对中国文化比较了解，对西方文化也比较了解，正是站在这两种文化中间，我用西方人的方式成功地讲述了一个中国人的故事。我在拍电影的时候，总是想着儒、道、禅这些东西。"

因此，在东西方文化交融的今天，我希望余歌通过她的努力，将越来越多的中国优秀艺术作品和优秀艺术家介绍给全世界！

彭吉象
北京大学艺术学院教授、博士生导师
2013 年 7 月
于北京

自序 年轻人，别忘了梦想

我生于上世纪 80 年代，是个不折不扣的"80 后"。一转眼 80 后们已经有一批人率先迈入了三十岁，就连 1985 年之后出生的我们也不敢再轻易说自己年轻。父母眼中的我们还是孩子，时常我们也自欺欺人地把自己当孩子看待，不知不觉间却发现我们已经成了社会上的中坚力量，似乎昨天还在校园里面踮着脚着急长大，今天已经在这个世界的各个角落独当一面。也正是这个时代里成长起来的我们，因为无法预知未来、预见将来而茫然浮躁，带着困惑和梦想每天都在纠结。

去年圣诞回国休假，见到几个久违的大学时代的朋友，那个时候我们热衷于讨论的话题永远是：毕业之后做什么——出国、保研，还是找工作，出国学什么专业，保研怎么把绩点弄上去，如何找到起点高的好工作。几年之后好几个朋友都离开了当初让所有人羡慕的单位开始自己创业。其中一个朋友的创业方向让我很感兴趣：他要创立一个公司，专门帮助刚刚从校园里面走出来的年轻人实现梦想。忽然意识到自己和刚毕业的年轻人已经不再是同一个时代的人了，感慨于自己已经不再年轻的同时，也感谢这个朋友在不经意间把一个已经被我遗忘许久的词语重新带到我的思考中来——梦想。

小时候，每个人都曾经有梦想。从我们有记忆开始，家长、老师、叔叔、阿姨们就总喜欢问我们：长大了你有什么梦想？小孩子们一般会说当科学家、飞行员、老师等等，当然也有一些天真可爱的答案，类似当麦当劳肯德基服务生、做个卖油条的可以随便吃等等。随着我们慢慢长大，似乎没有人再来问我们这个问题，取而代之的是我们被告知，想要实现梦想唯一的出路就是好好学习，天天向上。我们自己呢？可能也很少有人会问自己的梦想是什么，因为我们一直都在埋头苦读，梦想有些显而易见。小学毕业的时候我们的梦想是考上一所优秀的中学，初中毕业的时候我们的梦想是考上理想的高中，高中三年的梦想就是高考的时候能考上好大学，而上了大学以后面对的除了学业还有社团活动和社会活动，毕业以后的路除了继续深造读研究生，还有工作和出国。选择多了，路多了，似乎反而让我们一下子觉得丢失了梦想。梦想被我们常常挂在嘴边，含义却日渐模糊，我们不知道努力的方向在哪里，也不知道明天的路在哪里，直到我们稀里糊涂地毕了业，迫于社会压力生存压力该干什么干什么去了。上学的拼命读书是为了奖学金和学历，上班的拼命工作是为了加薪和升职，梦想从此被我们淡忘——是现实让我们远离了梦想，还是梦想远离了我们？是我们没有了梦想，还是失去了追逐梦想的动力？不需要面对现实的时候，少不更事的我们把全部精力和心思花在勾画出一个大大的美丽的梦想，可面对现实久了就会觉得梦想那么遥远，远到遥不可及干脆就不做梦了，还是脚踏实地做好今天的事情，过好今天的日子吧。以后可以预见的生活无非是升职、加薪、跳槽、结婚、生子，然后告诉孩子什么是梦想，再帮助他去实现梦想，我们的孩子又去重复我们的路，有了梦想，又丢了梦想……

起初和朋友谈他的创业想法的时候，我就是这样悲观地看待年轻人的所谓梦想的，于是我抛给他一大堆问题："现在年轻人的梦想都是心血来潮，今天有明天无，你这样不是白费时间、精力、金钱，还加上自己的前途陪他们玩吗？刚刚走出象牙塔的年轻人还不知道天高地厚，要花好多时间去认识这个社会，你怎么等得起？……"面对我的一连串质疑，朋友淡然又不容置疑地反问我说："你从当年毕业到今天是怎么一路走过来的？大学毕业了的年轻人都有思想了，也应该想明白了。只要你肯想，只要你坚持，我要做的，就是让你在即使失败的时候也别放弃，我来帮你。放弃往往是简简单单一句话，坚持却可能需要一辈子。每次放弃"放弃"这个念头你都离梦想更近了一步，坚持着坚持着，有一天你猛然发现原来你正行走在梦想里。现在的年轻人匆忙着迷茫着忘记了梦想，却有好多人年过半百重新拾起梦想，这不可悲也不可怕，但年轻人应该让找回梦想的那一天早一点来临，我要做的是这样一件事情。"

  这本书，谈梦想，又不仅谈梦想。我在书里讲了自己的故事——我的成长、骄傲、困惑、挣扎和我所看到的世界。我对自己的定位是：一个典型中国式教育模式下成长起来的80后，从前站在中国看外面的世界，现在身在国外看中国。现在的我并不能说完全实现了梦想，我还在路上。我也不能说现在的生活就很完美，因为有不完美，才有了继续追逐的动力。

  年轻人，请别忘了梦想，只要坚持，梦想并不遥远——这句话放在这里，与所有读者共勉。

  是为序。

目 录

第一章　发黄的小时候 1

　　父母·家 2

　　蓝天，梦想的种子 5

　　我的少年宫 8

第二章　滋养我的艺术梦想 11

　　也曾学琴 12

　　驼背的丑小鸭 15

　　弹棉花的小姑娘 18

　　蹩脚的低声部 24

第三章　爱在"实验" 27

　　和"实验"有缘 28

自由的"实验人"..........29

一个差生的高考实录..........30

如果再选,还是"实验"..........35

第四章　燕园情深..........37

转身之间..........38

爱国·关天下..........39

《好日子》..........41

让爱发光..........43

挤出来的舞台时光..........46

模联:又一个梦想栖息的角落..........49

情牵两岸..........57

流浪瑞士..........62

仲夏耶鲁梦..........65

"国关"四年,过足北大瘾..........69

《国关树》..........71

毕业·我们出发..........72

第五章　院墙之外..........75

不务正业的北大生..........76

实习小编..........77

在风险投资公司做梦 80

亲近北京音乐节 83

IT 试水 87

美好的奥运志愿者 89

未来，我将何去何从 92

第六章　我与梦一起飞跃重洋 101

回家的路有多远 102

打工众生相 108

校友办公室工作札记 112

波士顿室内乐团小试牛刀 114

中国，生日快乐 117

每逢佳节倍思亲 121

又毕业了 124

第七章　梦已展开 129

归巢 130

触摸梦想 131

3·21 海地慈善音乐会 133

一路向西 136

危机公关·谁是受害者 143

李斯特的生日派对 146

异乡的春节序曲 149

郎朗的三十岁生日 151

飓风吹走的筹款音乐会 155

心中的五星红旗 162

第八章　因为相信，所以坚持 167

纽约纽约 168

路还很长 172

面对质疑 176

生活没有翅膀，我是谁 178

漂泊的价值 184

那么近·那么远 188

后记　路·远方 191

第一章 发黄的小时候

"小时候"仿佛原本就是带着昏黄底色的三个字,给一切回忆都笼罩上一层温暖的光晕。长大的过程是漫长又短暂的,那时总是希望自己一下子长大,而长大后才懂得珍惜那渐渐逝去的童年。

父母·家

我的父母都生于20世纪50年代，是典型的中国式父母。父亲是地道的四川人，出生后不久爷爷就因病去世了。由于赶上"文化大革命"，父亲读完小学就回家种地，再后来外出打工，又到部队当兵。全国恢复高考后的第二年，他的一个小学同学动员他回去考大学，第一次考试以10分之差落榜但却考出了他的信心。潜心补习一年后，没有读过中学的父亲竟以全地区第一名的好成绩考入了全国重点大学。记得父亲常常和我讲起当时的情景：考完试后父亲就去了一家工地打零工，等到领录取通知书那一天，父亲干完活赶到高考办公室，看着头戴草帽满头大汗全身都是泥土的父亲，看门的老大爷还以为他是院子里的临时工。大学改变了他的命运，由于他在大学期间表现突出、成绩优秀，毕业时被分配到北京做了国家公务员，后来在北京认识了母亲然后有了我，在公务员的岗位上一干几十年，直到今天还在继续。

我的母亲是家里的独生女，为了躲避上山下乡，十几岁就走上讲台成为了一名人民教师，在教育这个岗位上一干就是几十年，直到退休。从小学讲台到中学讲台再到少年宫，她真是桃李满天下。母亲还是全国优秀的少先队总辅导员，她带领孩子们搞了很多活动，曾经受到党和国家领导人的亲切接见。母亲是个热情豪放的人，也是个急性子，对我从小要求极为严格。她十分热爱她的工作，更爱她的学生，我印象中母亲常常为了学生顾不上照顾我。记得那一年我们国家第一次主办亚运会，母亲被借调到国家体委训练局帮助开展亚运会工作。为了亚运会的圆满召开，母亲全身心地投入工作，基本上不回家，更别提照顾我了。为此母亲在空军育翔幼儿园给我办了整托，我一个星期才回家一次。有一天我突然高烧到40摄氏度，幼儿园的院长和老师们都吓坏了，他们打电话到处找我的父母就是找不到，一连三天院长亲自带我去医院，给我打针输液，日夜守护在我身边，还让厨房的叔叔阿姨为我做了"病号饭"。在院长和老师们的精心照料下，我的高烧渐渐退了下来，因此她落了个"最不称职的母亲"的称号。其实我心里最清楚母亲有多么爱我。

父母各自忙于事业晚婚晚育，三十出头了才有了我。他们商量了很久，最终给我起了一个响亮的名字——余歌，希望我的生活像一首歌，一首优美、欢快的歌。迄今无数人赞美我的名字好听好记，我也很喜欢这个名字；而我喜欢它的另一个原因在于，似乎在我被赋予了这个名字的同时就注定了我要和音乐相伴一生——我喜欢并感激这种命中注定。

我的出生给这个家庭带来的欢乐很快被噩耗所带来的忧苦取代——我患有先天性胸腺肥大。一出生，父母就总抱着我往医院里跑，经常要输液、打针、吃药，皮球大的脑袋上一根头发也没有，被针扎得青一块紫一块。一输液我就得被绑在婴儿床上，我拼命地挣扎，大声地哭闹，但无济于事。这种病在当时没有办法治疗，医生说我随时都有猝死的危险，任何急救措施都无济于事。父母被告知了这一事实后流着眼泪签署了一个医患协议，然后被通知可以生第二胎。尽管痛苦得近乎绝望，但父母没有这样做，他们倔强地认为我就是上天赐给他们的天使，能活下来是上天给他们的恩赐，真有个闪失那也是命中注定，外加当时的经济条件不允许他们再要一个孩子，所有的费用都花在了给我治疗上面。幸运的是，坚强的我在家人还有医生护士的精心呵护下慢慢长大，和普通孩子一样活蹦乱跳，终于到了一定的年龄，这种病自动痊愈了。父母越发觉得当时的决策是正确的，我却在长大以后时常埋怨他们，这个让我在中国独生子女政策下成为一个非独生子女的机会，被他们放弃了。

由于有点"失而复得"的味道，父母对我那种呵护有加的保护欲一直延续到今天。从幼儿园到高中不说，就从上大学离开家到现在已经将近九个年头了，和家里的联系还是每天不能间断——在线聊天、电话或者简单一条短信。这种牵挂曾经让我觉得是个负担，而越是离开家久了越觉得，这种牵挂是一种幸福，甚至是一种重得让我觉得不能承受的福分。远隔重洋的我不能每天陪在父母身边，能带给他们的，也就是这点安慰了。

蓝天，梦想的种子

我长到三岁，该上幼儿园了。当时家里住在北京近郊一个叫作蒲黄榆的地方，记忆里那里只有整片的塔楼，冷冰冰的水泥格子里面住了好多人，但我几乎每天谁也见不到。我不喜欢那里。搬去那里之前我家住在市中心一个平房小院里，屋里烧煤的那种，邻里之间亲得像一家人，全院的小朋友都是玩伴。拔尖任性、年纪又最小的我只长了上下一共四颗门牙的时候，就把邻居家哥哥肚脐眼咬了一个大紫包（那是我可以够得到的最高的地方），然后还哭着去人家家里告状，说被欺负了。院子里的老老少少都对我十分慷慨，无论谁家有点新鲜好吃的都会在院子里大喊我的名字。不用多说，我就会跑回家从厨房抱一副碗筷到邻居家门口的小板凳上坐着等了，街坊邻里都开玩笑地说我是"吃百家饭长大的孩子"。搬进楼房以后，好像每天就只有自己和自己玩了，好在没有多久我就上了幼儿园。

家住城郊，父母工作都在市中心，每天骑车上班单程就要一个多小时，迫于工作压力我被送进了一所整托的幼儿园——空军育翔幼儿园。所谓整托就是比全日制还要全——全周制，周一送去周六晚上接回家（那时每周只休息一天）。育翔是一所很有名的幼儿园，是蓝天幼儿艺术团（后简称"蓝天"）旗下四所幼儿园中的一所，一般只接收军队大院里面长大的孩子，没有军队背景的想要进去就要经过入园考试，考试内容是跳舞。我也不知道幼儿园的阿姨们是怎么在一个三岁孩子的比比画画中看出来谁有舞蹈天赋的。总之我就是所谓极少数"凭实力"考进去的学员之一。现在想想三岁的时候就要凭实力了，国内基础教育的竞争可见一斑；好在那个时候的我完全没有这个概念，稀里糊涂就进了蓝天艺术团，还觉得理所应当。

在幼儿园的日子里我好像离队很久的孤雁终于找到了队伍，周一早上别的小朋友都哭着闹着不要上幼儿园的时候，我是最开心的。周六小朋友们都眼巴巴地盼着父母来接，我反而恋恋不舍地想明天又不能上幼儿园了。

在蓝天，大概和普通幼儿园不同的是听老师讲完故事学了数数之后，几乎所有的时间我们都在练功房里面跟着舞蹈老师"脚尖脚跟脚尖踢"。从早上一睁眼一直到睡觉前，永远不知道累地对着镜子跳。我在班里的年纪小，但老师总喜欢让我带着大家在镜子前"脚尖脚跟脚尖踢"，大概因为我嗓门大吧。总之，那时候我一直觉得跳舞就是生活的一部分，领着别人跳也好，跟着别人跳也好，跳独舞也好，做替补也好，我享受着全部的过程。和跳舞有关的也是我幼儿园记忆的全部：我清楚地记得演出时两个舞蹈中间我们匆忙地换衣服，衣服穿错了下来还被老师批评；在舞台上一个动作失误道具飞出去了，我吓傻了，看到站在台口的老师拼命冲我摇头，说不要捡，于是我就空着手一直把动作做完,之后被老师夸,说我反应快;有演出,我常常希望有人生病或者没有来,哪怕是排练的时候能上台也很开心;跳《赶集》的时候我演小毛驴,班上的男生扮演赶集的农民,中间一段小毛驴生气了尥了个蹶子把农民踢倒在地,第一次排练时我天真地认为应该真的踢,就狠狠一脚踢上去把男同学弄哭;还有我总是记得,演出的时候老师蹲在道具车里面在台上缓缓移动;每次幼儿园有演出,无论大小,父母都会来看,站在舞台上看到他们的面孔我特别兴奋;三年里我最喜欢的一个舞蹈叫《天安门的早晨》,因为我是和班上最漂亮的姐姐一起跳,演出服也是最好看的;每次在大会堂演出,爸爸都会从朋友那里借来一个硕大的摄像机,用三脚架支在前排的地方录像,然后周末回家放给我看;每年春节除夕夜我都不能和父母一起过,因为每年都有春晚的演出任务。父母就等到后半夜把我接回家,一家人团圆。而我多数时候都是带着妆,在回家路上坐在自行车后面就趴在爸爸背上睡着了。所有的记忆都清晰得好像就发生在昨天。

  二十年后的今天回想起来,在蓝天的那几年并不单纯是蹦蹦跳跳,在那里我学到了很多使我一生受益的东西:集体荣誉感、独立生活能力、遇到困难要坚强等等。四五岁的孩子都还在家长的怀里撒娇,但艺术团的小朋友都早早学会自己叠衣服,自己梳头发,自己整理演出服。还记得刚刚进入艺术团的时候我常常懊恼自己的头发梳得不如别人那么光,总有碎头发掉在外面。后来才知道原来妈妈给我剪的发型是现在流行的"长碎",还不会用发胶的我为那几根"捣乱"的头发很伤了一番脑筋，直到上中学了我还习惯把马尾辫扎得没有一根多余的头发在外面。

幼儿园毕业那年，正逢蓝天成立十周年，庆祝演出上四个幼儿园的小朋友们聚在了一起，边跳边唱"蓝天是我成长的乐园，蓝天是我梦想的摇篮"。蓝天在我的心中埋下了一颗梦想的种子，直到今天，我仍然认为是蓝天的三年把我带到艺术的道路上，那些蹦蹦跳跳的日子让我和艺术结下了不解之缘。

我的少年宫

少年宫于我，跟其他小朋友的意义很不一样。那里是妈妈工作的地方，每天都有成千上万望子成龙望女成凤的家长带着小朋友来这里参加各种课余辅导班，那里有好多臭着一张脸很不情愿地被塞进各个教室上课的小朋友。而对我，那里则是课余时间的乐园，是童年的我悄悄长大的地方。父亲上班很忙，周末经常加班没有时间照看我，母亲特殊的工作性质导致她没有周末，每周一二休息。于是每天放学后包括每个周末的时间，我都是在少年宫度过的。那里有我幼儿园之外最多的童年记忆：那里有成片的红墙黄瓦的古老建筑，那里有几个人也抱不过来的千年古树，那儿的教室里面传出来各种歌声琴声，空气里有墨汁水彩的味道，还有当时北京最大的爬行游乐设施——九大行星。印象最深的是刘胡兰纪念亭和雷锋纪念亭，因为小学二年级加入少先队的时候,我们是在那里宣誓、第一次戴上红领巾的。最让我觉得自豪的是,妈妈在入队仪式上代表所有小朋友的家长讲话,主持大会的大队辅导员请妈妈上台的时候,介绍的是"有请二一班余歌的妈妈作为家长代表讲话",然后所有小朋友都向我投来羡慕的目光,我心里的那种自豪感就别提了。

在少年宫的日子我先是像个尾巴一样跟着妈妈到处跑,稍微长大一点就趴在门上听每一堂课,喜欢就推门进去。得天独厚的条件使得我几乎上过少年宫里所有的业余兴趣辅导班——舞蹈、唱歌、书法、绘画、朗诵、乒乓球、国际象棋,等等。

记忆里,每一个班上的老师都是童年时候的偶像,尤其舞蹈班上的老师,长得漂亮不说,仙女下凡一样有气质。她让每一个同学都变得漂亮,给每个人都编一支漂亮的舞蹈配上闪亮的演出服。每次在她班上上课都是一种享受,整整一堂课我都会想象着长大后我也可以成为她的样子。少年宫的舞蹈团在演艺界也算是一个名气颇高的艺术团体,大大小小的演出不断,经常有和成年专业团体或明星合作的机会。在蓝天的三年让我对于舞台、灯光毫无惧怕,对后台和舞台上的各种装置、标记都再熟悉不过。因此,对少年宫的每一场演出我都充满期待,打心眼里希望上课的时候老师说,最近我们又要到哪里去演出,然后就会每天掰着手指头数还有几天就演出了。

那个时候我胆子小,为了帮我克服怯场,妈妈让我去上朗诵班。小朋友们一个个都表现欲极强,我永远是静静坐在角落里听别人讲故事的那一个。清楚地记得一次参加比赛，不得已必须要上台讲故事了，我鼓起勇气模仿着老师的样子朗诵，讲到一半脑子里一片空白，连故事情节都忘记了，于是站在台上不知所措，过了一分钟，我非常镇定地跟评委老师说："老师，我把故事忘了。"然后就径直走下台了。直到今天，我也想不出来那时是哪里来的淡定和镇静，我还挺佩服那个时候的自己。

我的第一次到部队慰问、第一次话剧表演、第一次广告拍摄全部都发生在少年宫，这些经历虽然并不轰轰烈烈，但至今仍是一段段珍贵的记忆。那时候我的同班同学里面也有好多都已经是小童星了，和频频出现在舞台和电视屏幕上的他们同班，让我觉得新鲜、自豪、好奇又有些自卑。不过还好，从小我就是个心态很平和的孩子，否则成天自己难为自己的日子一定不好过。当然也可以反过来说我没有上进心，或许这一点就注定了我不会出人头地，只能做个平凡人。

第二章 滋养我的艺术梦想

如歌的年华伴随着音乐的旋律。青涩的时光里，曾经遗落的自信慢慢拾起，曾经认定的卑微慢慢抛弃，艺术带给我一双翅膀，我用这双翅膀飞翔，去寻找梦想的方向。

也曾学琴

  放弃是一句话，坚持是一辈子。

  开始学钢琴的时候我只有三岁，是在上整托幼儿园以前。启蒙老师是现在中央音乐学院视唱练耳系主任赵易山，近年来大家有机会更多地认识他是在央视青年歌手大赛上的文化素质考核评委席上。他成长于一个音乐世家，从小家里有很好的艺术氛围，曾经是我母亲单位的兼职教师。儒雅而又好心的赵老师每周免费给我上课。他家里有一架很老但是声音很好的钢琴，上面有他妈妈自己做的卡片做装饰，给人一种温暖的厚重感。那架琴的样子至今印在我脑海里。

  我家里当时经济条件很差，一架普通的立式钢琴花掉了父母一大部分的积蓄。据说最开始妈妈是打算让我学习手风琴的，因为妈妈年轻的时候就喜欢拉，家里刚好也有一台。在我还不会说话的时候，她曾经试图培养我对手风琴的兴趣，就在闲来无事的时候拉给我听，结果每次她一把风箱拉开发出"轰"的一声我就会哇哇大哭，几次下来她觉得可能我真的和这个乐器没有缘分，于是放弃了，决定让我学钢琴。开始学琴后，我就在中国音乐学院上视唱练耳课，从小培养乐感，训练耳朵。据说这是所有艺术专业学生小时候的必修课，而且越早越好，所谓从娃娃抓起，过了一定的成长阶段就培养不出来了，除非你是天才。

学习钢琴只是很短的一段时间，因为上整托幼儿园被迫中断了。每周只有周末回家才能练琴，这样想要好好学琴确实也不太现实。后来调琴师说那架琴音色不是太好，父母就把琴给卖了，大概那时候就没再想让我学琴。但幼儿园毕业上小学之前，他们又坚定地第二次给我买了钢琴，原因是院子里邻居家的小孩在练习弹钢琴，每次回家走到邻居家窗户下听到琴声我就会站住不动，要叫很久才不情愿地离开，于是父母便第二次咬咬牙买了架钢琴给我，这一架琴是国内的名牌——星海。其实后来我已经淡忘了，也不知道自己是出于什么原因被邻居家的琴声吸引，总之父母感谢那琴声让他们认识到我对音乐的热爱，我也感谢那琴声让我重新开始学琴，虽然这一次依然是半途而废。

第二段学琴时光和我的小学生活同时开始，乱七八糟的课余班已经减到很少，只是有针对性地坚持下来几个自己喜欢的项目：钢琴、国际象棋、英语、书法和绘画，但即使这样每天的课余时间还是被排得满满的。这一次父母给我找了中央音乐学院的钢琴系沈老师来教我，偶尔听到父母提起课时费的时候我简直吓了一跳，我觉得照那样的课时费交下去家里一定要砸锅卖铁了。第一次去老师家里上课我弹了一首几年前跟赵老师学的小曲子，虽然之前准备了几天但好久不弹手已经很生了，磕磕巴巴弹下来后我怯怯地看着老师等她宣判，这位慈祥但是学风严谨的老师微笑着对我妈妈说："这孩子和没学过的比稍微强一点，但又不能算学过，还是从头开始吧。"这句话实实在在地告诉我一个事实：三天不练手生。就这样我又一次从零开始，也没觉得受打击，偶尔还悄悄做过有朝一日成为钢琴家的美梦。

我小时候脾气很急躁，拿到新曲子听老师弹得很好听，但自己试谱的时候磕磕巴巴一下子就会心急火燎，又不敢和父母发脾气，就自己和自己较劲——咬手指、挠大腿之类的，独自在家练琴的时候还会一冲动把谱子扯得稀巴烂，但气消了之后一定会赶在父母回家之前把它们都小心翼翼地用胶条粘好。那个时候好天真，以为那样父母就不会发现，但其实没有一次逃得过父母的眼睛。四年学琴时光中，印象里第一次也是唯一一次挨打就是因为有一次我当着父母的面扯了谱子。

十岁的时候，小学升初中政策全面改革，一律就近分配。我就读的小学周围没有非常好的中学，之前的市重点中学也都取消了原本的初中部变成了民办公助的形式，只有通过考试选拔才能进去。为了我能进好中学，父母想到了让我考特长生，结果沈老师坦诚地说，根据我的进度两年后想要成为特长生几乎没有可能。但她指了另一条路给我。当时我完全不知道父母和老师在悄悄谈论什么，只记得商量过几周之后我的第二段钢琴生活也就画上了句号。我再也不用每天苦练几小时，再也不用每个周末去音乐学院上课，再也不用因为练不会曲子和自己生气，同时也再不会做成为钢琴家的美梦了。

今天的我回想起那一段日子隐约有些不甘，大概和我目前从事的工作有关吧。曾经我也在成为一个钢琴家的路上努力过，如今我和全世界最顶尖的钢琴家一起工作，却从来不会再提及自己也会弹钢琴。时常我会想，如果我有郎朗的韧劲的一半，或许学琴的路就坚持下来了，或许我会换一个老师重新开始弹琴。但这只是一个假设罢了。其实沈老师说的一切我都坦然接受了，毕竟她是个实事求是的老师，说话也没有任何刻薄的地方，或者说和我自己预期的也差不多，因此我也没有那么沮丧。那一段被钢琴老师"劝退"的经历和往后截然不同的成长之路，其实反应的是一个事实——不是每一个琴童都能成为郎朗，虽然很多学琴的人都有这个梦想，但事实上是这个世界只有一个郎朗。他的成才有太多不可复制的因素，他坚持了太多常人无法坚持的，承受了太多常人无法承受的。每每谈起来这些，我脑海中总会浮现现代舞蹈家金星老师的一句话："放弃是一句话，坚持是一辈子。"

驼背的丑小鸭

今天，如果有人问我二十五年的成长经历中最后悔的事情是什么，我可能会说是幼儿园毕业了就没有继续跳舞，成为舞蹈家虽不曾是我的梦想，但舞蹈早就成了我生活中的一部分。跳舞的人都是优雅和美丽的。

幼儿园毕业之后有了学业压力，我就没有再继续跳舞，连少年宫的美女老师那里都不去了。不过在学校里，我最喜欢去舞蹈团排练的地方看他们训练，每年的文艺汇演也最喜欢看舞蹈团的表演，他们身上有一种特殊的气质，即使走在人群里都可以让你一眼认出来。我时常梦想着自己也是他们其中的一员，这个梦想直到上了大学都还存在着。

几年之后，在我差不多十岁的时候，少年宫美女老师的班上最后一排多了一个跟不上节拍还驼背的人，那个人就是我。上学以后书包越来越重，我却从来不注意挺胸抬头，一下子就驼背了。还好，一次去少年宫的时候被美女老师看到，紧急把我重新叫回到她的班上。回到班上发现当年的同学们都已经跳得很棒了，我感觉被远远地甩在后面，发胖加上驼背，使我每次上课都很自卑地站在最后一排。

所幸年龄还小，我的驼背很快就被矫正过来，基本功也都很快跟上了，班上的同学渐渐长大了，演出机会慢慢多了，大家渐渐成了好朋友。每次一起外出演出都会让我期待很久，印象最深刻的是几次赈灾义演，我们演的都是一些很朴素但是很让人震撼的节目，没有华丽的服装但是肢体语言本身就很动人。慢慢地我发现舞蹈是无声的语言，比有声的言语更有力量，更令人震撼。

上初中以后，我因一次偶然的机会认识了一位老师，当时在国内她是仅有的几位取得英国皇家舞蹈学院教师资格的人之一。见第一面我就觉得她一定是跳舞的，修长的身材和优雅的举止让我觉得她美得像个天使。在一起的时候我问她跳芭蕾舞的人的脚是不是都很漂亮，她告诉我其实美都是在别人眼里的，每一个芭蕾舞演员为了把最美的一面呈现给观众，自己是吃了很多苦头的，每个人的脚都伤痕累累，有些甚至因为脚趾头常年承受过重的压力而变形。所以有人说芭蕾其实是一门残酷的艺术。后来她无意中看我的脚背说我先天条件非常好，很适合跳芭蕾舞，这在当时的我听来简直是最高的评价，让我无比兴奋。就这样我从少年宫的儿童舞蹈班转到了芭蕾舞班，开始系统学习英国皇家舞蹈学院体系下的芭蕾舞。

开始学习之前我是做好了吃苦头的准备的，那双足尖鞋对我的吸引远远超过对吃苦的恐惧。盘起头发，穿上淡粉色的练功服和白色连裤袜、丝绸裙，绑上舞蹈鞋的带子，每个星期我都是精心打扮一番后兴冲冲地走进练功房的。班上的同学都和我一样的装扮，随着老师的示范和钢琴伴奏的响起，我们学会了一个个芭蕾舞剧里的动作，还学会了每一个动作的法语名字。不过在这里并没有我想象得那么残酷，英国皇家舞蹈学院这个体系对于业余层级的教学计划的初衷是培养良好的气质、妥当的举止和礼貌，而这一种气质是由内而外的，所以从第一堂课开始，老师便告诉我们每一个人站在这里的都是世界上最美丽的公主，我们的一举一动都会让自己和别人觉得美；我们学习的第一个动作是走步——简简单单的走步，在老师的指导下竟然真的美起来。

英国皇家舞蹈学院每一年考级时，都从伦敦本部派来一位学院教授做评委，考场就在我们平时上课的教室。在我即将升入高中的时候，由于课业太重不得不放弃学习了。记得我参加的最后一次考试的评委是一位温柔可亲的老奶奶，但考核评委的头衔让我们对她平添几分敬畏。考试当天是情人节，按照惯例在考试开始前，老师安排两位同学把一大束白色的百合花送给评委。我和一起跳双人舞的搭档被选出来上前送花，递上去的时候我俩先是按照规定用舞蹈动作行礼，评委接过花说"祝你们每个人都取得好成绩"，这时我灵机一动补了一句"祝您情人节快乐"，评委温暖地笑了，这一笑消除了考试前心中所有的紧张和恐惧。那一天的考试从把杆练习到中间的基本功，再到古典舞片段、性格舞片段、双人舞、自由舞蹈，最后到结束式行礼，一切都进行得异常顺利，我觉得自己发挥得甚至有些超常。两个月后，英国皇家舞蹈学院寄来的五级证书为我的这一段舞蹈经历画上了圆满的句号。

弹棉花的小姑娘

有一句话说：关上一扇窗，打开一道门。

音乐学院的沈老师委婉地让我放弃钢琴的同时并没有把我推到音

乐世界之外，反而给我指了一条走冷门乐器的道路，可谓独辟蹊径。在几个音乐教育专家的一致建议下，父母决定让我放弃钢琴改学竖琴。我觉得竖琴的样子好美，小时候在童话故事书的插画里见过，经常是小天使抱一个小小的竖琴坐在月亮上面弹，修长的手指拨出潺潺流水般的美好声音；长大后第一次在少年宫的琴房见到真的竖琴的时候，优雅的流线形线条一下子抓住了我的心。

在琴房里吸引我的还有另外一样乐器——大贝司，当时个子还小小的我看到那个大家伙的时候着实吓了一跳，但很快就对它产生了浓厚的兴趣，它每一根弦振动发出的深邃又厚重的声音让我觉得很有安全感。不过最终让我决定放弃学习贝司是因为乐队老师告诉我，要学这个乐器，以后每周就要背着这个大家伙去老师家上课。

决定学竖琴这件事让我着实兴奋了好长一段时间，可我也有顾虑。那时我已经快要小学毕业了，开始独立思考一些事情了，学习竖琴单单课时费就比钢琴课贵两倍，当时决定学钢琴我都觉得是一个昂贵的选择，改学竖琴更加让我觉得是个奢侈的决定。可父母没说什么，依然决定让我改学竖琴，并很快就通过沈老师的介绍找到了同是中央音乐学院教竖琴的魏老师。要说竖琴作为冷门乐器究竟有多冷，这个数字可以证明：中国音乐教育的最高学府中央音乐学院当时竖琴系只有魏老师一位教师，每年固定只收一个专业学生。

幸运的是妈妈所在少年宫的银帆乐团是个管乐团，平时几乎用不上竖琴，一架很好的竖琴常年闲置在琴房。乐团的负责老师是支持我学竖琴的人之一，经过审批，领导同意把琴借给我用，从此家里便多了一个比我还高的大家伙。这是一架样子很朴素的国产星海竖琴，虽然没有进口竖琴的样子那么夺目，没有镀金也少了雕花，但音色还不错，据说是星海乐器厂早年一位竖琴师留在世上的两把竖琴之一，而且是专业演奏用琴，对于初学者绰绰有余了。小时候我就是弹星海的钢琴，所以对于这把星海的竖琴，有一种莫名的熟悉感和亲近感。从把它运回家的那一天起，十二年的学琴路上它便与我朝夕相伴。每一个学乐器的人都会相信，乐器是有灵魂的，与主人相处时间长了会有一种默契慢慢被培养出来。

起初我有点嫌弃它的样子太朴素，但慢慢地每当站到它身边，我都会感受到老祖母一般慈祥的气息扑面而来。我熟悉它每一根琴弦发出的声音，知道它每一个细节的个性，这种温暖和熟悉在常年的练习和演出中慢慢积累。竖琴是非常精贵的乐器，有些演出都是妈妈和我一起把竖琴从楼上抬到楼下，叫一辆三轮车，再和妈妈一起坐在车上抱着竖琴，由妈妈送我去参加演出。演出多了，乐团就找了专门搬运乐器的公司。之后的春夏秋冬，大大小小无数次演出我都是坐在搬家公司的大卡车车厢里面抱着竖琴到达目的地的。

印象最深的一次是在初中，乐队到天津参加比赛，所有乐器随团员大巴车一起走，竖琴由于只能竖着，被放置在两排座位中间的过道上，我怕一路的颠簸震断了琴弦或者磕掉漆，一路就站在它旁边紧紧地抱着它，路上两个多小时一动都没动。演出时舞台上的我偶尔紧张了，会悄悄抚摸一下它深棕色的共鸣音箱，心里顿时踏实很多。每次快到有我独奏进来的时候，我都会在前面一段把耳朵贴在共鸣箱上轻轻试一下音准，琴弦振动发出的柔和的声音透过共鸣箱传进耳朵的那一瞬间总是会给我满满的信心。上了大学之后竖琴跟着我搬到了学校，我住在学校宿舍它住在乐队琴房，排练之外我也喜欢待在琴房里面，坐在它边上自习。直到我大学毕业了，竖琴被从学校搬回了家里。然后父母买了一架崭新的白色镀金竖琴给我，这架老竖琴不得不还给少年宫。搬家公司来家里把它抬走的那天早上，我把它擦得一尘不染，才发现十几年过去了它苍老了许多，经常演出搬来搬去使它身上多了很多伤痕。还记得最开始的几次演出回来，每次我都会仔细检查，发现有磕碰会心疼很多天。慢慢地演出变得频繁了也就无暇顾及这些，要离开了才自责对它没有多加呵护。

　　开始学习竖琴没多久，我就加入了中国音乐家协会的青少年爱乐乐团。这是一支由业余青少年组成的交响乐团，介绍我加入的是指挥邵紫绶老师，这位已经年近七十的老人头发花白、严重驼背，一生都奉献给了青少年音乐教育事业。她曾经是北京市少年宫乐队的指挥，退休后离开少年宫便在音协协助下组建了这支乐队。她坚持认为对于学习乐器的孩子，乐队经验必不可少，除了对于专业的提高外，对理解音乐和团队协作能力的培养都有益处；而国内非专业的学生很少能有机会参加乐团排练和演出，她组建这支乐团的初衷就是给更多的业余学生提供机会，无疑我也是受益者之一。第一次带琴到乐团参加排练,一个拉大贝司的哥哥看到我的乐器很大声地说了一句"这不是弹棉花的吗",引得全乐队的人哄堂大笑,后来大家总是开玩笑地说我是弹棉花的,并无恶意,我便一笑置之。刚刚加入乐团的时候我几乎还不会弹什么有技巧的东西,更不会数小节看指挥和听其他声部的旋律,邵老师选择一些竖琴部分相对简单但是很有效果的作品排练,我完全靠着邵老师的提醒顺下来整部作品。印象最深的是最初排练《梁祝》的时候,我还完全弹不了里面的竖琴和小提琴的独奏部分,邵老师就用钢琴代替,但里面的滑奏部分没有太多技巧却最能展示竖琴的优美音色,从那支曲目开始我在乐团里找到了自己的位置,也从此有了自信。一年以后重新排练《梁祝》的时候我已经可以独立完成全部的竖琴部分不再用钢琴代替了,全曲顺下来时全乐队都在为我鼓掌。

在乐队的那几年,每到寒暑假我们都会举办各种音乐会,演遍了北京大大小小的舞台。每年夏天的"打开艺术之门暑期普及音乐会"都是我们必演的,一个鹤发老人带着一群学龄孩子在舞台上敲敲打打倒也成了京城舞台上一道奇特的风景。

当时在乐团和我合作独奏部分小提琴的姐姐,以及当年开玩笑说我是弹棉花的大哥现在都已经在专业乐团任职了,带我们到天津参加比赛拿了全国金奖第一名的指挥也已经从一个指挥系学生成了国内小有名气的青年指挥。一代代从这支非专业乐团成长起来的学生很多最终走上了专业道路,其他人也都在中学、大学的乐团里面担任重要角色,唯一没有变的只有邵老师,日复一日年复一年地站在不变的指挥台上给学生数小节、纠错音、打拍子，和他们一起着急、生气、紧张、兴奋、欢笑、激动着。在我的记忆里，这位每次登台会专门把自己满头全白的头发烫成大波浪，着一席黑色长裙的驼背指挥是最美的！

后来高考前我参加了全国的艺术特长生测试，拿到了竖琴第一名的好成绩，顺理成章地拿到各个招收特长生大学的测试资格，之后又在北大、清华、人大等各个高校的单独测试中都拿到第一名，当年的决定终于被证明是正确的：全国参加测试的竖琴特长生没有几个，比起钢琴小提琴等比较大众化的乐器，竞争小了很多。面对众多学校的特长生签约邀请，最终我选择了梦寐以求的北京大学，拿到了降低五十分录取的资格。

直到今天，我都觉得我能顺利进入北大，走上今天作艺术家经纪的道路，邵老师对我从小的培养起到了很重要的作用，这种感激在心中一直放着，每次见到她反而不知道该说些什么，"谢谢"两个字变得很苍白无力。总想要为这位老人和她所热爱并奉献一生的事业贡献些什么，甚至在刚做研究生学习艺术管理的时候我曾经幻想毕业回国了帮她把这支乐团发展壮大，后来发现这个想法并不现实，或许我并没有邵老师那么坚定的奉献精神吧。上大学的时候虽然不能坚持每周去乐团排练，但寒暑假有演出的时候我都尽量参加，甚至出国上研究生的那一年暑假回国还参加了乐团的演出，那时候我已经超过了乐团的平均年龄很多，演奏的曲目也多数都用不上竖琴了，但哪怕就是在后台帮忙照看一下小孩子，到打击乐声部帮助没有经验的小团员们数数小节，敲打敲打他们使唤不动的乐器等，都会让我内心得到很大的满足，以此表达我对这位默默奉献的音乐教育者的敬重。

蹩脚的低声部

初中三年，我疯狂爱上所有的艺术团活动。在舞蹈团里面和老师学独舞，在班上接待国际留学生的联谊会上表演，在乐团里弹竖琴，大大小小的演出都参加。那时候从不在意有没有什么演出机会，只是每周放学后大家聚在排练厅吹吹打打一通折腾就让我很开心。初中的乐队指挥是学校的音乐老师，平时课上跟他学唱歌和乐理，课后看他指挥，心里对他还小有崇拜。学校的另外一位音乐课老师课余时间负责辅导合唱团，我在音乐课上总是表现很突出，乐理不用老师教就会，唱歌的时候也因为从小上视听练耳辅导班，音准都很准，所以老师让我加入合唱团。虽说我自己知道自己的嗓子条件并不好，唱歌方面也没什么天赋，但还是欣然接受成为了一名合唱团成员。

起初在团里我没有什么经验，其他团员绝大多数都是受过专业声乐训练的特长生，我于是被安排在低声部。分声部训练是我最不喜欢的部分，因为低声部唱出来的旋律永远都和歌曲的主旋律相差甚远，不过等全团合排的时候低声部奇奇怪怪的旋律配上高声部的主旋律便会让整个歌曲听上去优美动听，于是慢慢地我喜欢上了低声部，甚至十分享受不同音高混在一起形成和声产生共鸣的感觉。

长大后，走出校园走上社会，每每遇到不如意的时候，朋友总会劝我，人生就好像在合唱团里有人唱高声部，有人唱低声部，唱低声部的不能随心所欲地唱主旋律，但却能配合高音部让和声效果更加完美——这句话再精辟不过了。要想让生活的大合唱成为一部和谐的作品，每个人都要有所妥协。

第三章 爱在『实验』

我的初、高中六年校园生活在同一所学校度过,那个熟悉的校园全名叫北京师范大学附属实验中学,每一个从里面走出来的人都喜欢亲切地称它为"实验"。

和"实验"有缘

小升初的时候赶上第一年电脑派位,考艺术特长生和数学奥林匹克竞赛两条路几乎同时破灭了之后,我面临的只有两条路:凭实力去考取自己想上的学校,或者接受电脑派位。十二岁的我并不知道天地有多大,对于考学唯一的恐惧来源于父母,他们希望我去考不同的学校,成功率会大一些,其中包括他们最希望我能进的、也是觉得被录取可能性最大的北京师范大学第二附属中学(下文简称"师大二附")。我从小学三年级开始在那里上了四年奥林匹克数学培训班,六年级参加竞赛成为我们全年级仅有的两个进入决赛的人,父母本以为我可以稳稳地被师大二附录取,结果决赛中我没有拿到任何奖牌,与师大二附的提前录取失之交臂。比赛的失利外加学校距离我家太远使得我完全抗拒参加那里的升学考试。我家附近的市级重点中学并不多,有一所还不招收初中部,结果就是我只有一所学校可以选,就是北师大附属实验中学(下文简称"实验")。

考试前我对于"实验"全部的印象就是一次妈妈骑着自行车带着我从校门口路过时，告诉我这个学校是全北京市最好的中学之一，要是有一天我能来这个学校就好了。说者无心听者当时其实也无心，直到他们再一次把我带到那个校门口参加入学考试的时候才恍然大悟，原来就是这个学校，于是年少无知竟也没有什么畏惧反而信心满满地参加了考试。测试题着实很难，小学做了六年尖子生的我，参加奥林匹克数学竞赛、英语演讲比赛、作文大赛屡屡拿奖的我，几乎没有尝到过考卷上的测试题不知所云的比率那么高的滋味，几小时考下来走出考场时的心情和走进去的时候截然不同。等待被电脑派位的时间感觉很漫长，我其实还好，倒是父母精神压力非常大，到快要发榜的那几天等不下去了，费尽心思通过各种渠道打通了录取办公室的电话，对方一位老师查了我的名字后告诉他们这个叫余歌的孩子应该会被录取，其他并没有多说什么。父母算是吃了一颗定心丸，剩下的日子很快就过去了，公布考试成绩那天我拿到的结果是：在所有考生里面英语考试名列第二，被学校录取并进入全年级唯一也是当时北京市第一个英语实验班，学号是二号。我和"实验"的缘分就在这样的惊喜中开始了。

自由的"实验人"

比起其他的重点学校，"实验"的校风是自由的，并没有想象中那么严苛和残酷。每个学期学习的同时有各种文艺、体育课外活动和国际交流。我一口气加入了乐团、舞蹈团和合唱团，还承担了各种班级、艺术团的干部职责，代表学校到国外交流，接待来访国外学生等。课余生活被填得满满的，大大小小的活动上都有我的身影，每天都感到充实和快乐。但学习毕竟还是学生的主业，我的成绩并没有和我的学号一样，在全市最优秀的一群孩子们中间我不再拔尖不再名列前茅，成绩一直是中等。初中升高中是每一个学生都必须面对的又一次重要考试，虽然没有高考那么残酷无情，也足够让每一个学生和家长在初三那一年感受到无形的压力。所幸我在合唱团的成绩很出色，代表学校参加北京市的比赛还拿了奖，所以获得了声乐特长生的资格，可以被学校以降低六分的分数线录取，加上中考时发挥还不错，我终于顺利升入"实验"高中部并且继续留在英语实验班。

一个差生的高考实录

对于每一个经历过高考的中国学生，那段日子都既难忘又不堪回首。我最佩服那些决定复读的人，至今不知道是怎样的勇气让他们下定决心重来一遍。

"实验"的高中比起初中课业压力大很多，对于三年后的高考谁也不敢怠慢，加上我所在的英语实验班和年级里面另外两个数学实验班特殊的末位淘汰政策（每次期中考试或者期末考试，排名位于班里倒数几名或者年级排名落于后 200 名的会被淘汰到年级里的其他 9 个普通班），考虑再三我终于决定放弃舞蹈团和合唱团的活动，每周只用一个课余活动时间参加乐团排练。

高中班里的大部分同学和初中是一样的，还新招了一部分学生进来，竞争变得更加激烈，为了能留在实验班，每个人都使出浑身解数学习，在这样的大环境下我的压力也越来越大，甚至经常感觉力不从心。上小学做尖子生做习惯了的我，时常想不明白为什么其他同学会有搞不懂的问题，直到上了高中我也时常陷在高深的题目里面百思不得其解，终于理解了曾经成绩不好的同学的苦恼。

高一第一个学期期末考试排名出来的当天，我看着两个女生神情紧张地被请进年级办公室然后沮丧地走出来，其他几个同学试图替她们向老师求情也没能奏效，下个学期开始时这两个同学转到了其他班。我第一次那么真切地体会到"残酷"两个字的内涵，成绩不给任何人留情面。到了高三的时候，班里已经从高一入学时的五十多人减到了三十多人，其中有被淘汰到其他班的，也有文理分班的时候转到文科班的。

文理分班的时候我很苦恼，一直以来我的文科成绩都比理科好，尤其语文、英语和政治是我的强项，而以物理为首的几门理科课程则时常让我头疼。通常都是我的政治考了满分被全年级通报表扬，作文被作为范文在全年级传阅，物理、化学老师却在一边给我补课。但考虑了一段时间后我最终选择了理科，因为我不喜欢背课本，而文科当时给我留下的印象就是一个字：背。理科课程虽然高深，但我喜欢推理的过程，喜欢思考为什么，我觉得理科的共通性是一通百通，于是我在所有老师和同学的质疑下选择了理科。起初的结果是惨痛的：高三第一学期期末考试（也是全西城区第一次为高考做准备、全区命题全区排名的考试）刚好与全国各高校特长生测试的专业和文化测试部分时间冲突了。爸爸在党校学习长期不在家，妈妈生病住院，我每天放学后要花很多时间练琴准备特长生测试，周末则在各个学校的考场上，还要安排搬家公司搬琴、自己联系学校等，总之就是拿到了北京大学降低五十分录取通知的同时，那次重要的考试我排名全班倒数第一，年级排名将近二百，排名还没有公布，我就和妈妈一起被请进了年级办公室。和年级组长谢老师的谈话持续了将近两小时，我完全被吓傻了，只是一直在哭。妈妈向老师解释了近期的所有情况，中间还有同学们几次帮忙向老师求情，终于老师答应我自己写一份保证书，保证利用寒假时间补习功课最后一个学期有明显起色才行。妈妈在上面签了字，我成了实验班里的"待定学生"，从小到大那是我第一次给父母丢了脸，我觉得他们一定对我失望透顶。

接下来的整个寒假我一天也没敢懈怠，生怕加上特长生的五十分还是被北大拒之门外，而且骨子里越挫越勇的那种不服输让我悄悄告诉自己，我的目标是争取不用降分考上北大。谢老师知道我的情况以后也开始变得对我特别照顾，要求我的各科老师针对我的弱项制订辅导计划，设定高考成绩目标。她本身作为我的数学老师每天放学后把自己的小女儿放在一边不管，却要花几小时看着我做一套测试题，然后针对问题给我讲到九十点才回家。那段日子里通常都是妈妈在天黑以后带着四份外卖来到年级办公室，老师在这边给我辅导，她在一边看着老师的女儿写作业。临近高考的时候，谢老师甚至提出来把我接到她家去住。我高考的那一年北京市还是考前填志愿，全年级老师要在拟报志愿之后坐在一起挨个讨论每一个学生的填报情况，特别针对填报北大清华的学生的情况进行分析。因为考前填报志愿有很多微妙的影响因素，老师们年年经历高考，比学生和家长都了解情况多一些。后来据谢老师说，当讨论我的志愿填报的时候，全年级多数老师都觉得我的志愿完全不符合实际，如果坚持第一志愿报北大，我将会是一个板上钉钉的落榜生，是谢老师一个人的执意坚持而使得全年级通过了我填报的志愿申请表。

　　分配高考考场的时候，我被分在了四个考场里距离"实验"最远的一个考场，据说也是条件最不好的一个。被填报高考志愿事件折腾得信心大失的我，知道考场分配结果后心理压力变得更大。在校的最后一天垂头丧气地走在教学楼的楼道里刚好迎头撞上谢老师，她只说了一句"有我在，不怕"，就让我赶紧回家。高考第一天，我竟然在自己考场门口远远地就看到谢老师在等我，她说她告诉了我有她在不用怕，她就一定会在考场上陪我。不能和我一起进到考试教室，她就在门口紧紧地抱了我一下，那一下真的给了我很多的信心，心里顿时变得踏实很多。结果第一天的考试由于考场的设备故障我认为自己的英语听力做得一塌糊涂，觉得整个考试都被毁掉了，打算直接放弃第二天的考试了。妈妈看到我情绪不对以后第一个想到给谢老师打电话，然后父母两个人悄悄地出去散步，把我一个人留在家里。没过多久我接到了谢老师的电话，她若无其事地问我第一天考试的感受，我毫不隐瞒地告诉了她实际情况，她只说了一句"明天考场上见"就让我早点休息了。第二天一早我又在考场门口见到了谢老师，又得到了一个紧紧的拥抱，那一刻我觉得这场考试早已经不仅仅是我一个人的事情，这么多人在背后用双手托着我，支持我鼓励我，似乎真的没有失败的理由。

最后一门考试结束后走出考场，远远地看着父母站在校门口充满期待地在等我，我知道生活依然在继续，路还在继续，爱我的人依然爱我，我也依然还有自己的梦想。可就是压抑不住心中的失落，似乎生活一下失去了目标，曾经憧憬得绚烂多彩的高考后生活似乎对我一下子失去了吸引力，我只剩下不住地问自己：难道就这样结束了？似乎应该更轰轰烈烈一点。

高考结果出来后，我竟然发挥超常，比平时任何一次考试的成绩都要好，稳稳地被北大录取，对了答案才知道那一天的英语听力其实我全部答对了。就这样我在父母、老师的百般呵护下经历了很多挫折终于进了北大，父母、老师和同学对我的关爱和鼓励给了我信心，让我始终保存着希望，这种信念仿佛是我的一双隐形的翅膀，带我走过绝望看到阳光。这份感激至今我也不知道该如何表达。

如果再选，还是"实验"

从"实验"毕业以后，我那"从倒数第一到北大"的传奇经历被老师们反复用来鼓励后面的学弟学妹们，我也好几次和其他考上北大清华的同学们被请回母校和孩子们座谈，他们的主题是介绍经验，而我每次回去的目的都是心理辅导。每一次谢老师都是这样介绍我的：你们的这个姐姐在你们这个时候在班里是倒数第一，所以你们永远也别放弃。

在"实验"收获的除了学识和见识，更让我受益一生的，还有一群可以一路走下去的朋友。六年的同窗生活，喜怒哀乐都留在每一个人的回忆里，六年生活是生命里浓墨重彩的一笔，至今大家每次聚在一起依然能感受到一种温暖；除了同学，还有值得我用一生来感激的恩师们，一日为师，终生为父，"老师"和"父母"一样，是世界上最美丽的称谓。他们站在几年几十年不变的讲台上看着一批又一批的学生走进校园又走出校园，看着他们长大成人。难怪很多孩子小时候的梦想都是长大了当老师，我曾经问过"实验"舞蹈团的舞蹈老师，她舞蹈学院毕业以后在专业舞蹈演员和老师两者间选择了后者，理由就是可以看到很多人的成长，可以看到很多的希望。

第四章 燕园情深

　　北大校园里度过的四年是我迄今为止最充实快乐、收获最多、改变最大的四年，也是故事最多最值得回忆的四年，而此刻落笔，却又不知道从何说起那一段总是着急长大的日子。回忆是一个过程，那每一个日夜，苦中也有旁人不知道的甜。很多让自己感动的事情，都已慢慢淡去，但又舍不得忘记。在过去和未来的日子里，风停了又吹，天亮了又暗，拉不住指针，时间倒不回。

转身之间

　　有一段时间，全球北大校友会在热映一部校园电影《此间的少年》，给了漂泊在外的校友们一个难得的机会用来感怀。我前后共看了三遍，每一次都有不同的感慨和不同的情怀，印象最深的始终是第一个镜头：五四路上的迎新场景。那是北大用来迎接世界各地莘莘学子的第一副面孔，由此也能看出电影导演确实别有用心。十分巧合的是，电影中的第一个画面刚好选在国际关系学院的横幅下，让我对这部电影顿时平添几分亲切。影片里的一草一木都那么熟悉，空气里也弥漫着熟悉的味道。春天吐露芬芳的玉兰和未名湖边的每一枝新芽都透着新鲜的气息，夏天坐在西门外吃烧烤好像生活从来都没有烦恼，秋天金黄色的银杏树叶洒落一地，冬天落雪后的博雅塔静静地伫立在湖边……四季交替过四个年轮以后，当年稚气满面的我们便从那个园子走向世界各地，但园子里的一草一木却永远留在记忆里。片尾曲响起时无情地把我拉回现实，告诉我那些都是曾经。毕业的时候大家觥筹交错互道珍重，那是第一次感受到离别的刻骨铭心，让每个人猝不及防。日子毫无顾忌地一天天继续，我们各自前行，转身之间大家已经天各一方。掐指一算，毕业已经整整五年了。

爱国·关天下

我在北大的"家"是国际关系学院。"国关"是我们对于学院的简称，渐渐习惯起来，很有乳名的味道，带着亲昵和呵护。而"爱国·关天下"是"国关人"对自己情怀的概括和总结，学院大大小小的活动都以此命名，也是每一个国关人最热衷发扬的国关精神。"国关04本"是班里一百五十多位学生共同的名字，其中有三分之一是外国留学生，不同语言不同肤色是"国关"最突出的特色。每每被问到为什么选择了国际关系学院，我都不知道该从何说起。我是艺术特长生，传说中有一些专业很难进，我自认为自己虽然是个理科生但是不太适合在理工科专业里面深造，和那些高智商们拼智商实在不是一个明智的选择。于是和父母商量来商量去选择了在文科院系里面招收理科生的国际关系学院，一个听上去涵盖面还比较广也比较轻松的专业。在我看来本科还算是基础教育，学什么不是最重要的，学会怎么学、明确自己要学什么才是最重要的任务。学院本科分三个专业，在入学的时候不分专业也不分班，一个年级就是一个大家庭，起初的两年大家几乎都在一起修课。选修课程可以根据自己的兴趣方向选择，大三的时候才确定自己的专业方向。作为一个文科院系的理科生，最终我在国际政治、外交学和国际政治经济这三个专业中选择了国际政治经济专业，成了学院里这个2003年才成立的年轻专业的第二批学生。

大一开学前大家陆陆续续搬进宿舍，校园里的杂货市场开到了新生宿舍楼下，大家置备生活用品很方便。"国关"女生被分在一幢四年前才建成投入使用的新宿舍楼里，条件好过其他所有的宿舍。楼里住的全部是2004年入学的新生，不同院系被分在不同楼层，男生们在距离我们不远的另外一幢宿舍楼里。大家都差不多入住了，还记得正式上课前的晚上，班主任钱老师把每一个宿舍都走访了一遍，那是我第一次见到传说中的班主任老师，一位朴素却很有学术气息的女老师，教授学院里的一门专业必修课。

全班同学第一次集体见面是开学的第一个晚上，大家在国际关系学院新落成的教学楼活动中心开第一次班会。在那里我见到了即将同窗四年的同学们，他们几乎在曾经就读的中学都是年级里的尖子生，甚至在市里省里都是出了名的优秀学生，考入北大使他们在当地的媒体报道中都成了名人，里面不乏各种全国竞赛的优胜者、各种身怀绝技的特长生等。总之，我知道在这里我将注定只是一个平凡的学生，过去的优秀和辉煌都不能继续作为骄傲的资本，更何况本身我也早就不是什么尖子生了，是幸运和付出才让我终于走进了北大，这只是第一步，后面的四年怎么走还要看自己，夹起尾巴做人才是我应该给自己的定位。因为乐团排练，那天我和班上另外两个特长生在班会开了一半才到，赶到的时候自我介绍都已经进行了大半。很遗憾我没有听到很多人的自我介绍，众目睽睽下三个人到最后面坐下。自我介绍很快就轮到了我们，"我叫余歌，多余的余，唱歌的歌，来自北京。今天来晚了，因为乐团排练，我是艺术特长生。相信以后有机会慢慢认识每一个人，很高兴加入这个集体。"简短的几句话，没有任何亮点，成了我在北大"国关"四年学习生活的开场白，大概除了我自己已经没有人记得了。

《好日子》

那是在刚刚入学的时候，大家都在准备新生文艺汇演的节目，即将代表"国关"演出的同学被通知需要在节目中加入伴舞，她唱的是《好日子》。负责的同学找到我们几个传说中的艺术特长生让我们帮忙想办法，于是我们决定组织几个人自己编舞。很快就找来六个女生。虽然学过几年舞蹈，但儿童舞民族舞芭蕾舞乱七八糟学了很多，说到编舞却还是头一次。随便几个动作连起来自己都感觉不伦不类的，好在舞蹈团的一个同学在迷茫之中指点迷津，使大家豁然开朗，几个晚上下来一个舞蹈基本成形了。第二次连歌伴舞送审的时候又被导演告知舞台不够充实，需要加入男生舞蹈成分，于是回来再次返工。当时和班里的男生都还不熟，我们就死缠烂打地抓过来六个好说话的男生。从来没有受过男生舞蹈熏陶的我们冥思苦想,看了很多舞蹈视频之后依然没有任何想法,绝望之中舞蹈团一个男生再次雪中送炭一般帮我们把整个框架基本定了型,还贡献了一个很好的弥补动作,也是充实舞台的好主意:舞红绸子。

经过几个晚上的辛苦排练,节目总算像点样子了,最后一次送审终于通过了。最终2004级全体北大新生文艺汇演上,我们的《好日子》作为开场节目拉开了整个晚会的序幕,我们穿着舞蹈团借来的演出服,拿着粉红色的扇子和大红色的绸子把舞台折腾得好不热闹,也算是在锣鼓喧天中为我们四年的北大生活开了一个头彩。

后面的四年,每年都有一个机会让我们重新拾起这个节目将它再次带上舞台——大二在学院中秋晚会上演出,大三在学院建院十周年庆典上演出,大四在学院毕业晚会上演出。表演上可以说业余得不能再业余了,但每一次大家都认认真真地排练,观众也都津津乐道地看,似乎这个节目成了融入"国关"的一个代表作,意义远远超出了节目本身。

其实这只是在北大四年生活中小得不能再小的一件事情,轻描淡写地轻轻划过初入北大的那段日子,很快被更精彩的生活淹没,但不知道为什么今天回顾北大点点滴滴的时候,那红彤彤的舞台一下子清晰地跳出来,让我不得不花一段笔墨来记录那一段日子。

让爱发光

说起"国关",至今心中总是感怀于学院里从老师到学生的国际视野和普世胸怀。大一下半学期,由班上几个女生和联合国儿童基金会联系后发起的校园义卖成了"国关04本"的第一次校园集体亮相。联合国儿童基金会向我们提供贺卡、胸章等纪念品,由我们在燕园三角地举行为期三天的校园义卖,同时接受善款捐助和海报签名,全部收入捐给联合国儿童基金会中国基金。投入准备的三天里,班上的女生们几乎都没有睡过觉,熄灯以后聚在宿舍和楼道里靠着应急灯的光亮画衬衫,画筹款箱,写宣传词;三天后黑着眼圈站在三角地叫卖。那三天中午的三角地,一如既往地喧嚣,各种叫卖声此起彼伏吸引着来来往往的路人们,但最亮眼的就是身着各色文化衫站成一排喊着各种宣传口号的我们,文化衫上面是我们自己用油彩画上的孩子们的笑脸,就连善款箱和海报都是我们自己一笔一笔画上去的。最后总共筹集了多少善款我早已不记得了,但这并不重要,翻翻当时发表在院刊上的文章,还能体会到当时的那份温暖和欣慰:

让爱发光

三天的联合国儿童基金会的三角地义卖结束了,自制的T恤上的头像始终在望着我笑——笨拙的笔下是稚嫩的脸,透过它,我看到孩子们笑了。

忘不了，就在义卖前两天才听说这个活动时那份惊喜与期待，直觉告诉我这是一件"大事"，因为它一切为了孩子。

忘不了，义卖前一天才开始的准备工作，大家做得有条不紊，现在想想真算是奇迹。几个人趴在地上用颜料在男生表演太极拳穿的大背心上勾出张张笑脸，甚至不失天真地为它们命名"水果家族""土豆家族""冬菜包系列"等。还有背面的"LOVE"字样，没有完全一样的两个，而代表的心却相同，那是一颗颗满得快要溢出来的送给孩子们的爱心。

忘不了，最后一天前夜六个人围着一盏应急灯赶画T恤的情景，为了孩子，一切都值得。

忘不了，制作签名板上用双手沾满墨水印上去的手印，突然发现当年那双小小的手而今已硕大而有力。我们已不是孩子而是在为孩子们做事了，一双双大手撑起责任，撑起信念，撑起孩子们头顶的一片蓝天。

忘不了，深夜两点了，大家抱着刚绘好的募款箱，瘫坐在楼道昏暗的灯光下，脸上还依然洋溢着久违的笑。

忘不了，穿上T恤齐刷刷站在三角地吸引第一缕目光时的激动。

忘不了，那第一声叫卖的羞涩。男生扔掉了绅士风度，女生抛开了淑女形象，一切为了孩子，没有什么比这更重要。

忘不了，向围观的人群一次次喊出"一切为了孩子"的那份激情，送给每一位献出爱心者的那份感激。

忘不了，随着礼品一件件售出，望着签名板上越来越密集的签名，我们打消了所有担心和顾虑，很贵的礼品也有人买。他们不是富豪，他们还是学生，但数目已不再重要，我们关注的是那一份送给孩子们的心。

忘不了，路过的外国人连赞"Good"，并直接将美元投入募款箱。还有同样热情支持我们的老师、出家人、留学生……不同背景不同身份，相同的是，一切为了孩子。

忘不了，大家使出浑身解数叫卖，不知不觉到了下午才发现自己早就饿了。为了孩子，也值了。

忘不了，亲眼目睹一位衣着极其朴素的女孩径直走到募款箱前毫不犹豫拿出钱包里仅剩的十几块钱连同毛票塞了进去，然后红着脸离开。惊叹和崇敬的目光交织在一起，准备鼓掌的手停在了空中，心中升腾起一股热潮。

……

义卖第一天阳光真好，像我们所做的事一样美好。后两天，狂风阵阵气温骤降时，大家的激情不减，参与的人反而越来越多。卖东西的人照旧向每个人详细地介绍活动和礼物，宣传的人站在高处举着条幅随风摇摆，发传单的人穿梭在狂风中。还有我们尽职的摄像师从开始到最后一秒都没放下照相机，捕捉着所有的感动；我们忠实的后勤人员或看守着所有物品，或扶着怕风吹倒的签名板，一干就是几小时；我们最最辛苦的总负责人，脸上分明重重地写着"疲惫",却仍坚持着跑上跑下,哪里有事哪里补,还不忘不时鼓励大家,亢奋地赞叹"真是太棒了"。

没有什么可以阻挡爱心,没有什么让我们退却,我们的目标只有一个:把自己的力量贡献给需要我们的孩子们。我们坚信这次活动的意义,我们同时看到在活动出人意料的成功背后显现出来的"我们能行",没有谁可以想象我们克服了怎样的困难,就是我们自己也难以估量究竟付出了多少。然而在"一切为了孩子"的呼声下,困难显得苍白无力,付出也微不足道。

我们坚信这"爱的旋律"一定会传得很远很远,凭着这份爱的无私、深远和宽广。

我们更坚信,每一分钱都可以带来改变,每一分钱都可以为孩子的世界带去一缕阳光。我们要让这份爱延续,我们要让这份爱发光!

孩子们张张纯真的脸,双双清澈的眼,满是憧憬,满是渴望,在我脑海里越来越清晰。渐渐地,他们笑了,开心地笑了,这一笑,世界都醉了……

挤出来的舞台时光

我以艺术特长生的身份考入北大,就自动成为了学校交响乐团的成员,正式入学前的那个暑假就已经因为一个特殊的演出任务而开始参加学校交响乐团的排练了。这里成了我在北大的第一个"家"，乐队成员成了我在北大认识的第一群朋友，高年级的师兄师姐们把我们迎进这个家庭。然后我们又迎来后面一届届的新生，他们绝大多数和我一样是艺术特长生，大家谈论起音乐和学艺经历总是有无数的共同话题。

　　作为一个高校乐团，北大乐团的编制严重不齐全，各个声部编制也不平衡，原来在专业或准专业乐团里呆过的团员们刚开始很不习惯。由于降分录取名额的有限性和降了五十分以后依然远高于其他高校的录取分数线，很多专业水平很不错的学生拿不到特长生名额，或者原本签了特长生合同却由于高考失利而与北大失之交臂，总之就是不到录取工作全部结束，没有人知道究竟会有多少人会在新的一年中被招进来。而等尘埃落定发现编制严重不足的时候一切都已经无济于事，只能盼望着非特长生中能有一些音乐爱好者补充一下。但现实总是和理想有着很大的差距，好在这一点并没能影响大家的排练热情和对音乐的认真态度。学校的排练厅也并没有我想象中那么好，在艺苑活动中心的顶层，一个排练厅被交响乐团、合唱团和钢琴社等几个机构共用，平时不排练的时候大大小小的乐器都放在隔壁一排琴房里面，那其中的一间——艺苑508——是我的竖琴在北大四年的"家"。每一间琴房都不大，而且条件很简陋，但是每一个乐手都是爱乐器的，每次排练之后的必修课都是把琴房打扫干净，在琴房里放些水，让房间保持最适合乐器存放的湿度。

一个夏天的集中高强度排练让我很快就融入了乐队这个家庭。大家为李岚清的《音乐笔谈》新书发行仪式暨讲座紧锣密鼓地准备了整整一个月。其间埋藏在每一个人心底的对音乐的热爱时常让我感动，慢慢磨合出来的声音也比我预期的要好很多。每次排练大家那种认真和投入颇有"苔花如米小，也学牡丹开"的劲头。这场演出很少用到我的竖琴，于是我便加入了打击乐声部，跟着声部学姐学会了各种打击乐器。我在北大首场演出的《蓝色狂想曲》中担任的是钢片琴演奏，于是大家开玩笑地给我起了个外号"余片片"，这个名字一直伴随着我，直到毕业离开乐团。

四年中，乐团是我从始至终的"家"，特长生的特殊身份把我紧紧和这个大家庭维系在一起，把我迎进北大又送我毕业。学校里大大小小的舞台，从百年纪念讲堂到校长办公楼礼堂，从新春团拜会礼堂到百年纪念讲堂的露天广场，都是我们经常活跃的地方。从入学第一场新生文艺汇演到每一年开学典礼上奏响的《国歌》和校歌《燕园情》，从每一年的积极备战全国大学生艺术展演到远赴外地演出，各种演出任务让我的大学生活变得充实而完整。大四那年的专场音乐会上我和两位团员合作演奏了自己改编的竖琴、小提琴和长笛三重奏，并不完美的创作改编和匆忙的排练，使节目本身在今天看来有太多可圈可点之处，但回忆起当年依然心存感激，庆幸自己有那份勇气和另外两位团员的全力支持和配合。毕业前最后一次登台演出和四年前第一次演出一样是在百年纪念讲堂，那里是校园里最受欢迎的舞台，平时大大小小专业演出也很多。四年中频繁进出这里，参加十佳歌手大赛、"一二·九"合唱比赛，看演出，看电影，唯独每次和乐团在这里演出的感觉不同，因为只有此刻这里才是属于我们的舞台。巧合的是"余片片"最后一次亮相依然演奏的是钢片琴，颇让我有一种转了一圈回到原点的感觉，这种结构性的完整和巧合告诉我凡事都应该善始善终。舞台上的几分钟内，我的脑海中回放着四年中的一幕幕场景，每一次演出的经历串起来似乎就能勾画出完整的大学生活。

模联：又一个梦想栖息的角落

还没有入学时，我就对北大的"百团大战"早有耳闻。每年开学时在三角地百余社团争相招新的热闹场面，至今仍清晰地留在脑海里。各个社团使出自己的绝活吸引新生们，在一天当中的任何时间只要从三角地路过，手中一定会被塞满各个社团的资料，被各种海报、传单横幅弄得眼花缭乱。每年的招新好似一场竞赛，一个星期下来各个社团"满载而归"，进行接下来一年的活动策划，但新生们加入社团多是抱着试试看的心态，加上学业压力，多数都在前几个星期的新鲜劲过后就逐渐脱离了这些社团。

我在刚入学的时候兴致勃勃地向父母形容"百团大战"的锣鼓喧天，结果被父母警告"要慎重选择甚至不选"，原因很简单：初入北大夹起尾巴做人，我的起点比身边同学们要低，需要花更多时间在学业上，而且已经是交响乐团成员了，必定会付出很多时间，因此已经没有时间精力花在其他社团活动上了。可最终我还是没有经住诱惑，精挑细选左右衡量后选择加入了模拟联合国协会，简称模联。由于和专业十分相关，又是一个学术性和社会活动性都很强的社团，父母也没有太过反对。后来慢慢熟悉了大学生活的我又陆续加入了青年成就组织、金融协会、两岸精英交流项目等社团，还和班里同学一起发起了全国大学生东亚安全论坛等活动。大学四年被各式各样的社团活动充斥着，其中，模联是我参与时间最久的。起初我自己也是抱着试试看的心态报了名，没想到这一试就是四年，成为我大学生活中浓墨重彩的一笔，很多精彩的记忆都和模联有关。

模拟联合国协会，顾名思义，就是模拟联合国的会议形式提出议题，定期召开会议，邀请各个国家代表在一起商量解决方案。当然从组织者到主席团成员、与会代表，再到会议志愿者等全部由学生扮演。这个活动起源于美国，已经有很多年的历史，在大学和中学都十分流行。

最先把它引进中国的就是北大"国关"的几位师兄师姐，他们在几年前偶然参加了由哈佛大学模联举办的全美大学生模联大会，是当时第一支参加该会议的外国代表队，回来之后就在北大成立了第一支模拟联合国队伍，从此这个项目在中国扎下根来。经过几年时间，已从起初只是组团参会，发展到后来和中国联合国协会合作创立中学生会议，再到与哈佛模联合作举办世界模拟联合国大会，接待全世界的四千多名与会代表，到我离开的时候已经成功独立举办国际会议了。模联在中国的发展也十分可喜：全国各高校都陆续有了自己的模联团队，参与的高中生越来越多，各个国际模联会议也都纷纷出现中国代表队的身影。自豪地说，我参与模联的四年，正是其发展最快、发生质变的四年。

大一刚刚加入协会的时候，我连完整的英文陈述都做不好。第一次参加会议是北大模联大会，只有本校学生参与，规模很小，只有三个委员会，几十个代表。我代表叙利亚所在的联大是最大的委员会，越大的委员会压力越小，也越容易混。整整两天的会议里我没有说一句话，只参与了几次投票，后来连议题和最终是否有解决方案通过都忘记了，只记得那是我第一次穿上正装和高跟鞋，觉得自己一下子成了大人，当时还真的感觉自己是坐在联合国大厅里面开会呢。

同一年我申请参加在苏格兰举办的 2005 世界模拟联合国大会，由于资历和水平都有限，没能成为与会代表，但是也很幸运地作为协助代表加入了团队参与全部准备工作，只是不会到苏格兰参会。这个机会被很多人不屑，觉得就是白忙半天没有意义。我起初也有这种抱怨，但觉得协会里面的学长们都非常有经验，很让我佩服，于是决定利用这个机会向他们学习一下，而且这对于专业学习也是有帮助的。

我们的代表团在 2005 年苏格兰的会场表现出色，加上协会里学长们的精心准备，让我们在 2006 年世界模联大会的举办权争夺上一举胜出，顺利取得了协办权，即大会将在北大校园中召开。我们协会将组建起一支团队和哈佛的团队共同筹办会议，包括指定会议议程、议题，设立委员会，培训主席团，安排场地，完成接待代表等任务。秘书长由哈佛学生出任，副秘书长由北大学生担任，其他秘书处职务由双方共同承担，各个委员会的主席由哈佛团队培训，我们负责培训助理主席和主席团成员。北大的筹委会由几个高年级学长们组成，最后时刻我因为在2005年团队里的出色表现而被选入筹委会负责公共关系和对外宣传。经过将近一年的准备，世界模联首次在亚洲创下了与会代表人数最多的纪录，不同肤色不同面孔来自世界各地的1400名与会代表齐聚燕园，在19个委员会上进行激烈讨论。四天的会议每天都有惊喜和快乐，也常常产生一些小误会和摩擦，不过在这里大家都学会了理解和宽容。模联的魅力在于，不管多苦多累，有多少抱怨，会议结束后留在脑海里的一幕幕都是快乐和难忘的：报到注册时代表们茫然地向我们求助的眼神、开幕式上的阵阵欢呼、秘书长宣布大会开幕时刻的庄严、地球村上文化交汇激发的热情、杂技表演现场的惊叹、三里屯俱乐部里光影混杂的气氛、文艺晚会上代表们的疯狂、告别派对上大家眼神中流露出的不舍，还有看到组委会的人忙碌了三小时编排出的山寨版"千手观音"舞蹈受到全场好评时的成就感、听到代表们发自内心告诉我"这是我参加过的最好的会议"时的满足感、看到志愿者们辛勤却毫无怨言地工作的感动、大家工作中相互帮忙时的心怀感激、闭幕式上代表们送给主席台上的我们的最热烈的呼喊和掌声，以及各国代表同时挥舞着国旗尖叫的场景。当秘书长手中的小锤再次庄严落下时，现场闪光灯频频闪亮，好多人紧紧拥抱在一起，顿时所有的不快、所有的疲惫烟消云散了，化成心中满得早已溢出来的感动和眷恋。每当回想起这些，一切付出都变得值得。

2006年年初，为了和哈佛筹委会及主席团的人见面，我们组队参与了在哈佛大学举办的全美模联大会，这个会议完全由哈佛学生筹办，对象集中在美国高校，但也有个别外国团队参与。那一年我们的团队全部由2006年世界大会的筹委会成员和主席团成员组成，我在联合国发展委员会中代表刚果共和国，在那里我第一次鼓起勇气站在讲台上阐述观点，和其他国家代表辩论。那一趟美国之行还有另外一个收获——第一次参观了真正的联合国。还记得冬天的纽约地上铺着刚下过的厚厚的雪，一群模拟联合国的孩子们兴奋地一路奔向真正的联合国大厦，当时激动的心情真的好像完成了一个多年的梦想。几年后的今天，当我们在联合国议会大厅举办活动进进出出这个曾经梦想中的舞台的时候，不禁感慨曾经闪着光的梦想是多么单纯和美好，曾经有梦，逐梦，打造梦想又实现梦想，这整个过程本身就是成长。

2006年世界大会的成功协办让我们看到了模联在中国渐渐增长的影响力，以及北大模联协会的成长和我们的办会实力，当然必不可少的还有热情。于是经过讨论，我们决定尝试自己办会。第一届保守一些，仅面向亚洲，于是命名为"亚洲国际模拟联合国大会"，英文简称AIMUN，名字确定下来后我们才惊喜地发现原来它还有一个温暖的名字叫"爱·MUN"。一经决定就立即行动，协会骨干改组的时候刚好轮到已经大三的我们挑大梁,我成了协会副会长,主要负责对外事务,同时 AIMUN 筹委会的职务也由协会骨干们承担,我也顺理成章成为负责对外事务的副秘书长。又是一年的辛苦筹备,自己办会比与哈佛合作时多了很多之前没有想到的问题,不知道多少个夜晚几个人开会到后半夜才疲惫地回到宿舍。学生在学校办会多多少少会遇到校方一些阻碍,团队成员轮流到学校领导办公室递材料请求支持。没有固定资金来源的我们赶出来一份份赞助策划书跑到公司办公室谈合作,碰了壁又重新来。主席团培训遇到学术问题了,就通过各路关系找到学术大腕们恳请支援。宿舍的室友说好一段时间几乎看不到我,因为她们睡下的时候我还没回来,她们醒来的时候我已经出门了,光通宵就不知道熬了多少个。为了写活动策划、赞助企划、会议章程,还有议题、主席团面试选拔培训资料等,为了让 AIMUN 与众不同,我们创设了中文委员会(模联的工作语言为英文),这意味着所有的文案工作都是双倍工作量,用了很多年的联合国用语和专有名词全要翻译成中文,同时还不能失去任何学术性。

最终于 2007 年 4 月成功召开的为期四天的 AIMUN 吸引了来自亚洲及其他各洲上千名代表,那四天是我最有成就感的四天。成群的代表们穿梭在会场之间,昔日安静的会议中心一下子热闹起来,各个国家的代表牌随处可见,仿佛空气里飘着各个委员会的议题,耳边不时响起主席用锤子敲打桌面的声音。会议闭幕式那天,所有筹委会的人坐在主席台上,办公楼礼堂的观众席上是各种肤色的代表们,大屏幕上是前一天晚上制作好的会议照片剪辑，随着迈克尔·杰克逊的《拯救世界》的音乐响起，一张张照片把思绪带回到四天里的每一分钟每一个角落，大家都禁不住潸然泪下。

不止一个人问过我模联究竟有什么值得我为之付出那么多，占去了我在北大的绝大部分课余时间，就连妈妈也经常不理解地批评我不务正业，起初我也说不清楚，就是心里总有一种牵挂放不下，这种牵挂在心中久了就习惯成自然了。后来想明白了，所谓什么国际事业其实只是个冠冕堂皇的理由，真正凝聚大家的是"人"——一群志同道合的人在一起执着地为着同一个目标去奋斗去贡献自己的力量，最后一起品尝收获的果实，才是真正让我们舍不得离开的理由。大四快毕业了，协会也面临换届。从模联"退休"的那天晚上，我一个人莫名其妙地哭了一宿。看着下一届的孩子们成长起来，挑起协会大梁，将一种精神就这样传承下去，其实应该是一件很欣慰的事情，只是心中空落落的。每一次会议，每一趟旅行交织在一起不停地在脑海里回放，眼泪就止也止不住。

毕业之后，几个比我小几级、后来接手模联的学弟学妹共同成立了一个公司，专门负责国内中学生参加模拟联合国大会的培训。几年过去，公司经营得像模像样，几个创始人已然不是当年我眼中那些跑腿的小孩子了，看着他们仍然单纯地热衷于这项事业，我发自内心地钦佩他们，这种钦佩大概也有一部分来自于自己未能继续这份事业的遗憾吧。人生苦短，短暂得没有任何一个人可以做所有自己想要做的事情。模联是我在成长道路上匆匆撒下的一颗种子,既然自己没能实现灌溉它的诺言,也欣慰于有人在继续着这份事业。

同样在模联磨砺过的人说,这里汇聚了太多的忘我工作、可亲可爱、志同道合的理想主义者,也凝聚了太多关于友谊、关于梦想、关于北大、关于自我超越的记忆。还有人说,选择模联,就是选择了一种生活方式。在模联,不同的人会经历不同的坎坷、失落和快乐,但经历过后,我们一定分享着同样的骄傲,这就是模联的神奇,也是模联人所共有的魅力。

不久前的一个冬天,在我离开模联也是从北大毕业来到美国几年以后,我因为回北京休假到美国使馆办签证。依旧是长得看不到头的队伍,依旧是每个人焦灼不安的脸上写着的不同的故事。已经不知道多少次站在这里办签证(由于工作不能请假太久,每一次我都为了节省办理时间而自己去使馆面签),可能是由于我很闲,看起来出奇地平静,周围人很喜欢和我搭讪。排在我前面的一个小姑娘看起来不到二十岁,一问刚刚上大三,是到波士顿参加哈佛模联大会的,第一次来美国。回想起大二那年的我也是同样的理由,同样的稚气,一个人慌慌张张地揣着一沓资料去使馆签证,一晃已是将近八年前的事情。共同的经历一下子拉近了彼此的距离,漫长的等待过程变得不再枯燥无聊,与她分享如何应对面试官、到了波士顿要做什么、大会上怎么准备怎么发言等,话题一个接一个,同时把当年自己经历的点点滴滴也回顾了一下,恍然一切好像发生在昨天。

模联精神其实就像一颗种子,在北大"国关"这片土壤里生根发芽,开花结果。今年3月有朋友回国回到学校,刚好赶上 AIMUN 召开,转眼已经第六届了。难以想象当年襁褓中的婴儿在一届届模联人的呵护下如今已经长成大孩子了,而模联人也一代代地成长起来,散落在世界各地,不变的是模联人这个名字,和心中那份执着与热情,正如《联合国宪章》所述的联合国的至上追求。在目光所不能到达的柔软角落,静静栖息着每一个模联人的光荣与梦想。

情牵两岸

大二快要结束的时候,我接到学校团委通知,问我愿不愿意代表北大参加第五届海峡两岸知识竞赛,前四届都在北京举办,第五届将第一次在台湾举办。接到通知起初我觉得莫名其妙,在北大的莘莘学子之中,我算是才疏学浅的,在燕园平凡得不能再平凡,没有任何让学校注意的地方,这个机会似乎来得有点稀里糊涂。后来学校说比赛还有才艺展示环节,他们希望我重点承担这方面的任务,想想倒是个难得的机会(当时台湾还没有开放对大陆的旅游),于是就欣然接受了。

很快就被叫到团委办公室开会,才知道比赛由中央电视台和中天电视台联合举办,比赛本身也是节目录制过程,即将作为一档电视节目在两个电视台播出。这次比赛在台湾举办,由大陆八所大学、香港澳门各一所大学和台湾经过初赛胜出的六所大学组成,每所大学派三名代表。比赛包括现场知识竞答、才艺展示和校园DV三个环节。北大代表队由国际关系学院研究生一年级的一名学姐、光华管理学院一位同级的男生还有我组成,学姐是上海当年高考文科状元,在国关也是成绩领先的尖子生,光华男生是福建省文科状元,我们的领队老师是团委的一个负责人,这样的组合带给我很大压力,不过明确了我的主要任务是才艺展示后我倒是从容了许多。

随之而来的是应学校要求一整个暑假在学校的封闭备战,那是一段极其难熬的日子。学校的学生宿舍没有空调,平时北京最热的夏天正好大家都放假回家了,被迫要留守宿舍的我第一次那么切身感受到北京的酷暑难耐,晚上热得睡不着觉,时常眼睁睁熬到天亮。白天一整天的时间,应学校要求在团委一间会议室面对一摞摞的题库、对着电脑背考题,虽然有了空调但也很难熬。时间过得无比地慢,好像记忆也没有平时那么好了,看过的题模模糊糊有个印象却又不记得答案是什么。中午到食堂吃个午饭,再到燕南园去散散步,这让我们三个队友很快成了亲密战友,边看往届比赛边相互鼓励。

初到台湾,大陆选手和台湾选手对对方都充满好奇。第一天晚上在我们下榻的酒店,中天电视台和当地选手们用当地的名小吃招待我们,很快两岸三地选手就打成一片聊得火热,丝毫感觉不到大家是竞争对手。不过回到房间就是另一种局面了,第二天就要开始的比赛让大家压力都不小,每个学校的选手们在一起都是挑灯夜战。我和另外两名北大选手研究了赛场战略之后便各自继续翻题库，压力大是大，不过对于赛场还是充满期待的。

第二天一早就进棚开始了比赛和节目录制。休息间里除了忙忙碌碌的化妆师发型师外，还有一张大大的英雄榜和留言板，能够到电视台参与节目录制的代表队都是海选中脱颖而出的队伍，而这张树形英雄榜在我们进棚的第一天除了最下面的一排是满的，上面每一层都还空着，要等每一轮比赛结果出来才能知道谁被淘汰谁会晋级。英雄榜上面有每个代表队每个选手的照片和名字，我们每个人的参赛服装上也都印着我们所代表的学校的名字，第一次我那么清晰地感受到自己的表现代表着一所学校，第一次感到自己和北大如此息息相关。旁边的留言板是留给选手们书写的地方，每个人小心翼翼地爬上去写下参赛前的豪言壮语。我和另外两名选手在上面写下"眼底未明水，胸中黄河月"，这是北大校歌《燕园情》里我最喜欢的一句歌词，也是后来在一轮轮比赛中我们在介绍自己所代表的学校时的宣传口号。每一次在录像机前三个人一起喊出这一句的时候，心中便会升起自豪和责任感，这支撑着我们一路过关斩将走到最终的总决赛。

比赛类的节目录起来比普通电视节目要效率高很多，整个录制过程就是比赛进程，就是一遍过，但是比赛气氛还是很紧张。评委老师们坐在评委席上，舞台灯打亮，录像机红灯闪起，桌子上的抢答器亮灯，那一刻连空气都凝固了。第一轮是每个代表队选手站到舞台中间由主持人不间断向每个人轮流发问，没有时间思考，几秒钟一道题，答案只有对和错。第二个环节是抢答，同时答对的代表队在大屏幕上的九宫格里选占一个位置。整个环节三个人的手都紧紧握着抢答器，为了争取第一时间按响抢答器，我们商量决定三个人的手摞着放，这样可以保证任何人知道答案都可以按铃，结果就是每个人的手都被拍得通红。最后一轮是选择题，先选择题目类型，再选择难易程度不同分值不同的题目。这一关是选手们最后决战的紧要关头，更是决定胜负的关键环节。有一支代表队就是在前几轮比赛中每每在最后这一环节出奇制胜成为黑马，最终杀进决赛。

每一轮中每一场都有四支代表队，排名靠前的两名可以进入下一轮，后两名淘汰。我们在每一轮都以第二名的身份进入下一轮。整整两天都在棚里比赛，一场紧挨一场，同一级别其他场次比赛的时候我们就坐在观众席上看。被淘汰的队伍由主办方安排在台北游览，于是我们便失去了所有的游览机会，在台北待了三天连这座城市白天是什么样子都不知道，唯一的印象只是夜幕降临以后的士林夜市和京华城，那是每天晚上比赛完电视台的导演和老师们带我们去品尝台湾小吃和体会夜晚繁华的地方。不过辛苦付出总是有回报的，最终我们一路走到总决赛，英雄榜的最高一层出现了北京大学的名字。我们在最后一轮还是第二名，成为这一届比赛的亚军，冠军被台湾政治大学夺得，季军是南京大学。

比赛之后，大家的心情都轻松很多，中天电视台安排我们到台中游览日月潭和阿里山。在日月潭游船上，中天电视台的导演张大哥说，还有二十四小时你们就要离开台湾了,要好好珍惜每一分钟。当时心里紧了一下,一向最怕听到这种话,分离仿佛从来就是心中不能承受之重。不敢去想离别的时候要怎么说再见,好在此时此刻大家还在一起欣赏着美景。

第二天游览了石门水库之后,离别的感觉把大家重重地包裹着。台湾医药大学的秉洋是个很可爱的小选手,一路都是大家的开心果,在车上他说爱大家的时候,我很努力地没有让眼泪流下来。但到了机场以后,任凭我怎样忍,眼泪还是不争气地掉下来。大家都在笑着流泪,边拍照边讲着相互鼓励的话。过了安检回头望望,看到玻璃墙外台湾的选手们趴在玻璃上一直在挥手,直到看不见为止。出发前并没憧憬过取得什么名次,更没想过会遇到可以义结金兰的朋友们,可短短两周的台湾之行结束时,我才知道一切都实实在在地发生了。

其实什么名次和奖项都不重要,与两岸四地所有学校兄弟姐妹的友谊,才是真正带回来的沉甸甸的收获,我相信电视台组织这个节目的初衷也正在于此。十六所高校,四十八名选手,刚刚熟悉便分离,于是有了台北机场泪如雨下的一幕幕。余音绕梁,袅袅不绝,那种情怀至今回忆起来甚至觉得还是一种奢侈,不知道彼此间该有怎样的信任才会有那样的依依不舍,更不知道是怎样的情怀造就了那样的信任。站在赛场上时,我们是对手,可从来也没有感受过什么你争我夺,反而体会到的是一种亲切的归属感。每个人都身怀绝技精通古今,每个人都是一幅动人的图画,至今想起他们的名字时每个人还会鲜活地蹦出来。或许旅行真的很神奇，海峡对岸那个神秘的岛屿，矜持而遥远，朴素又亲切，没有张扬没有慌张，仿佛袅袅炊烟里夹带着不紧不慢的乐音。旅行很短，回忆很长，用席慕蓉的一首诗来作结："所有的结局都已写好 / 所有的泪水都已启程 / 却忽然忘了是怎样的一个开始 / 在那个古老的不再回来的夏日……"

流浪瑞士

2007 年 3 月，在北大模联成功协办了世界模拟联合国大会的整整一年后，又一届大会在瑞士的苏黎世理工大学举办。作为北大模联协会副会长，我以指导老师的身份带着北大代表队一行十九人在瑞士进行了一次流浪之旅。

这次出行早在半年以前就确定下来了，妈妈不止一次问过我，跑那么远到一个陌生的国度，究竟有没有带队老师。其实我们早都已经是成年人了，但在父母眼里我们永远是孩子。每一次我都蒙混过关，说团队有指导老师，直到临行的当天早上，团队在机场集合，妈妈和很多队员的家长一样送我到机场，队员的父母见到我，有些还真把我当成了老师，嘴上嘱咐着"您多照顾我们的孩子"之类的，妈妈才恍然大悟原来我就是所谓的带队老师。其实我也没有骗她，只是不到我们胜利归来那一天，她不会相信我已经长大。尽管有一万个不放心，妈妈还是挥挥手看着我们浩浩荡荡的队伍进了海关。

每一个模联人对组织出访都很有经验，每一年大大小小四五个出访团队让协会早就总结出来一整套应对各种问题的攻略。此次我决定带队之后其实压力很大，因为同时还在筹备其他会议，照顾着协会的日常工作，更不要说还有专业课上的压力和 TOEFL、GRE 考试的压力。总之预见到自己不会有很多时间和精力花在团队准备上后，我决定从选拔队员开始严格把关，这样后面的工作就会省力很多。经过简历筛选和三个晚上的面试，综合考虑了专业、年级、性别和与会经验等因素，最终确定了十九个团队人选，然后从第一次筹备会议开始就布置好每个人的分工。机票、酒店预订，当地交通、城市间火车行程，每一天的旅行安排，会议议题准备，办理签证等都由专人负责，效率高而且每个人的压力都不会太大，尤其这个团队的绝大部分人都有丰富的参会经验，很多还有做委员会主席团成员的经验，因此在议题准备上我几乎没有花什么工夫，最终的实践证明大家在会上的表现也都很出色。

说这是一趟流浪之旅一点也不夸张。十三天七个城市，从德语区到法语区，从最东边到最西边，从温暖如春的湖畔古堡到白雪皑皑的雪山，我们一路搭乘火车几乎横穿了整个瑞士。白天把行李寄存在火车站，晚上搭火车到下一座城市，入住青年旅店，十几个人一个房间住上下铺，在城市里搭公交车或者徒步，一次出租车也没有乘过。每每看着浩浩荡荡的队伍带着大大小小的旅行箱走在瑞士并不热闹的街头，无论是日出东方还是华灯初上，都有一种流浪的感觉。

起初的几天是纯粹意义上的旅行。苏黎世是我们到访的第一座城市，抵达时已是半夜，一个陌生人带我们搭公交车到之前预订好的旅店，路上连车票都没有买；第二天一早醒来发现下雪了，我们在曾经到北大参加过模联会议的瑞士代表的带领下，徒步游览了这座城市。

到了第二站卢塞恩，清晨的雪又一次不期而至，空气润润的，反倒不冷。同样还是徒步游览城市，大部队稀稀落落地走在街头，队伍拉得很长，总是有人领在前面，手里捏着地图，其他人就跟在后面，让人很容易想起来小时候幼儿园集体出游，只是手上少了那根为防走丢而栓住大家的绳子。在苏黎世遇到的"导游"向导师请了假，专程跑到卢塞恩来带我们继续旅行，给了我们很大一个惊喜，有了当地人带领，我们大胆地向郊外雪山进发。

到了伯尔尼，清晨依旧在大雪中醒来，似乎整个瑞士留给我们的印象就是雪白的。白天逛逛街道，看看教堂，走走路，拍拍照，然后买些吃的回到旅店扎进厨房，一桌人边吃边聊好像一个大家庭。刚出来没几天大家就已经习惯这种流浪生活。

虽然在大会上我们代表不同的国家，但我们出来参会代表的就是中国和北大。模联每一个出访团队无论到哪里，总会带一面国旗，这一次也一样。因为模联大会不管规模大小，都会有各种展示各国文化的交流活动，那里便是我们展示中华文化大显身手的地方，也是会议之外代表们最期待的活动。这一次在会议展示之前，我们在登上雪山的时候就已经把国旗带了上去。虽然瑞士的雪山都很温柔，没有凛冽的寒风，只有宜人的风光，不过在雪山边一行人举着国旗拍照的那一刻，心里还是觉得很自豪。

抵达日内瓦以后大家的主要任务就变成了参会，大家很快投入到会议准备当中。为期四天的会议，团队代表们被三三两两分在不同的委员会进行讨论，我自己是不用参会的，就在各个委员会中间巡视。去年哈佛团队一起合作的同事有一些今年依然在组委会里，和他们聊聊天，参加几个专门给指导老师准备的学术会议，倒也蛮惬意。忙里偷闲我还在看新东方托福备考教程，似乎和现场氛围有些不符。

大会闭幕仪式在日内瓦联合国总部举行，模联人又一次走进了真正的联合国大厅。离开日内瓦告别这个留下我们那么多欢声笑语的国家的时候，大雪又一次不期而至，还穿着正装高跟鞋的我们就在鹅毛般大大的雪片里跳着喊着。经历过流浪之后，我们似乎真的长大了。

仲夏耶鲁梦

2007 年夏天，即将升入大四的我幸运地被选入北大和耶鲁大学的交换项目，和项目里的三十个北大学生在耶鲁大学上了一个暑假小学期。短短两个月的课程让那个夏天变得格外精彩，好像一场梦，一场被我们同行的人称为斗牛犬（Bulldog）[1] 的仲夏耶鲁梦。

抵达的最初几天，我对一切都充满新鲜感。先是十三小时的长途

---

1 耶鲁大学的吉祥物。

飞行，降落在纽约机场之后学校派来一辆校车，样子好像童话故事里面的叮叮车，一路晃晃悠悠又是三小时把我们载到传说中的耶鲁校园。此时天已经暗下来，周围的一切都黑乎乎的看不清本来面目，只记得那个厚重得让人感觉有点压抑的教堂式体育馆建筑被笼罩在昏暗的灯光里。

同行的三十个人被分别安排在莫斯（Morse）和皮尔逊（Pierson）两个风格完全不同的本科生住宿学院。莫斯的内装修颜色厚重，但是每个人都有一个单间；我入住的皮尔逊据说在本科生里是最受欢迎的住宿学院，只有高年级的学生幸运的话才能被安排到这里居住。如此说来我也算幸运的了。这间住宿学院被红色砖墙围成一个庭园，庭园中间是一片草坪，边上有一棵古树，树荫可以遮盖整片草坪，草坪边是一圈石子路，路边是各种绿植和鲜花。天气好的时候草坪上总有很多一边乘凉一边看书的学生。我的房间在阁楼的最顶层，是一套公寓中的一间，另外三个室友都是同一个暑期项目的学生，我们共用一个洗手间和客厅。此外住宿学院里还有学生餐厅、活动室、电脑室、图书馆、游戏厅、钢琴房、洗衣房等，总之麻雀虽小，五脏俱全。一日生活、学习所需全部齐备，于是平时上课的日子里除了教学楼，基本上大家都在这个不大但是很温馨又透着学术气息的小院子里度过。规定的时间在餐厅就餐，晚上在图书馆写作业看书，闲暇时候在活动室聊聊天弹弹琴，生活单纯而充实。同来的北大同学们每每有事情就会站在庭院里喊一下，楼层不高小院很安静，用不了很大声就可以召集齐所有的人，在草坪上开个会，玩玩闹闹的，本来来自不同年级不同院系互不相识的同学们很快就成了一个大家庭。

在耶鲁的学习虽是利用暑假但并不轻松，上午是必修课，下午是选修课，晚上各个住宿学院会组织一些活动，一天日程被排得满满的。因为学分最后都要转入在北大四年的总成绩单，所以大家都不敢怠慢，平时晚上基本都在图书馆度过，泡图书馆的时间比在北大的时候还多。不过其实大家泡图书馆还有另外一个原因，宿舍里没有空调。这里的夏天虽然没有北京那么热，但下午直到太阳下山的时候阁楼里面的温度还是让人难受。好在夜幕降临后很快温度就会降下来，晚上在宿舍可以睡个好觉。也有特别怕热的同学会披个毯子到图书馆自习到深夜，然后就在那里过夜了。于是学院里面盛传，亚洲来的一群人学习非常刻苦，整夜都在图书馆学习。

当时我们都是第一次出国学习，对于国外老师的教学方式着实适应了几天。其中有一门课的老师会在课上到一半时忽然躺到桌子上大喊大叫，然后让大家和他一起喊，这是为了唤醒昏昏欲睡的同学；还有几次上到一半把大家带到教学楼外面的草坪上做伸展运动，还一边运动一边纠正大家的英文发音（班里都是外国学生）。另外一门课的老师每天留作业时会和大家商量，有时候会设计一个小游戏让赢了的一方可以不写作业，但通常的结果是两边打平于是皆大欢喜。当然这样的老师也不代表全部，有几门课的老师还是相当严格的。在这短短两个月内，我第一次深切体会到鼓励式教学的魅力。老师们严格归严格，但课堂上你绝对听不到老师对学生的批评，即使你真的回答得风马牛不相及，老师也会说"Good try"；即使你的文章毫无头绪，老师给你的评语开头一定也是一个"Good"，而你自己拿到反馈之后其实心里很清楚，因为你周围的人得到的都是"Excellent"。

下午的选修课我选了一门讲当地历史和民情的，其实严格说来也不算课，基本上就是个小型旅行团。每次上课在不同的地方集合参观，包括当地的法庭、医院、博物馆等。纽黑文是座不大的城市，加上耶鲁的校园没有围墙，教学设施等散落在纽黑文各地，走到哪都能看到耶鲁的标志，耶鲁就是这座城，这座城也成了耶鲁。

课余时间的周末，大家三五成群搭乘著名的廉价巴士"灰狗"跑遍了纽黑文周边的城市，从纽约到费城，还有波士顿等。每周五一下课，大家就迫不及待地收拾行装冲到长途车站，后面的两天在另外的城市里行走，周日晚上回到学校再通宵赶作业，天亮以后洗个脸又去上课了。现在想想真不知道那个时候的精力怎么会那么充沛。

这两个月我还有另外的收获。很多人在申请国外高校的时候都会亲自到学校参观，甚至找感兴趣的专业方向的教授聊天，既是为了更深入了解教学方向，也是为了在那里混个脸熟。我当时虽然还没有完全决定本科毕业以后的申请方向，但出国读研的大势已定，便也利用这个机会跑了周围几所心仪的学校。系里的教授们都比我想象的平易近人，每每当我怀着忐忑的心情写邮件给他们的时候，多数都很快就回复并且接受面谈。同伴们和我一个年级的，基本上都在边上课边游玩的同时安排着这样的面谈日程，一个个忙得一塌糊涂。几个学校跑下来，本没有多少申请兴致的我似乎一下子来了劲儿，开始详细地制订申请计划了，加上同行的几位大四学生都在做着同样的事情，互相之间有个鼓励和较量，那感觉就好像抢饭吃比一个人独享更美味一样。

两个月的课程在忙忙碌碌中一晃就过去了，似乎才刚刚过了新鲜劲儿就要准备离开了。最后几天，每天下课后大家三五成群地在校园的各个角落拍照留念，却怎么也无法把整个校园和这一段生活完全装进照片里。大概每个人对赴美留学的印象都从那个时候起就定格在了耶鲁校园，每一个申请出国的人都怀着同样一个耶鲁梦在路上前行，都憧憬着同样美好的留学生活。

"国关"四年，过足北大瘾

"国关"人才济济，教授们的面孔多是在电视访谈、报刊杂志上见到过的，还有常年活跃在国际外交舞台上的名家们，过去看着这些叱咤风云的名字觉得很遥远，从没想到过有一天会近在咫尺地听他们站在讲台上授课，直接和他们讨论各种国际问题。

大一的课程以基础课为主，全班都在一起上课。起初我并不太适应文科专业的学习，备战高考让我和政治等文科专业已经有一段时间没打过交道了，刚开始上课老师侃侃而谈我却根本抓不住重点，班上绝大多数的文科生经常引经据典地和老师在课上激烈讨论，我却听得一头雾水不知所云,常常感叹理科生的日子在文科院系不好过。一边是大量的阅读资料,一边还要研究高等数学(攻读国际政治经济方向,就必须要修高等数学)。高等数学课是和几个理科院系一起上,每次考试下来,"国关"的成绩都远不如另外两个院系,弄得我们很没有面子。很多第一个学期一起修课的同学因为怕成绩不好拖后腿,第二学期就没有再继续修高等数学,也因此放弃了这个专业方向。我是少数几个坚持修完全年高数的人之一,虽然绩点因此而变得有点不好看,不过我很庆幸自己坚持下来了。

大二往后的日子就好过多了,我慢慢适应了学院老师授课的特点,也逐渐能够欣赏风格各异的教授们了。专业课方面,我开始越来越多地选修经济学的课程,和我在中国经济研究中心修的经济学双学位很多课程都有重合,于是我也把很大一部分精力放在了双学位这一边。

大三的时候我觉得身在北大不充分汲取校园带给我的"养分"实在对不起这个身份,于是又在艺术学院辅修了艺术管理高级研修班的课程。这本是艺术学院针对行业在职人员的培训课程,预留个别名额给在校本科生,我很有幸被课程录取,在一年的研习课程中和在职的前辈们讨论文化产业和创意产业的发展和前景。那是我最早接触艺术管理这个专业,短短一年几乎奠定了我本科毕业研究生的申请方向。

一晃到了大四,我自己都吓了一跳,原来四年如此转瞬即逝,好像昨天才刚刚走进大学校园,今天已经是毕业生了。很多人的大四都过得非常闲,尤其被保送研究生的或者早早找到工作的人,我却给自己的日程排得满满的，比前面三年都要忙很多。校外的兼职工作和社团活动之外，两个专业都面临毕业，本专业有毕业论文，双学位的几门最难的课程都被我留在了最后一年，加上忽然猛醒自己即将毕业，一股脑选了好几门全校最热门的通选课打算过足北大瘾。很多人都说这样非常不明智，万一不慎挂科，四年的努力全白费，连重修的机会都没有。而我每每在这种不成功便成仁的时候总有一种倔强的韧性，让我铤而走险挑战一把，所幸所有课程都顺利过关，成功拿到两份本科学位证书、一份研修课程结业证书，以回报自己很折腾的大学四年、年过半百的父母和其他家人朋友们。

《国关树》

这一首原创校园歌曲是"国关"同学钟卫创作的。他在北大期间创作了很多校园歌曲，这首《国关树》最为"国关人"喜欢，一经创作很快就成了国际关系学院的院歌。至今我的电脑里还存着这首歌，每次播放我都会回想起毕业那段刻骨铭心的日子，那种眼看着离别一步步走近却无能为力的无奈和那种眼看着未来一步步走近却无法知晓的迷茫。

"我们的国关树，植根于燕园的土地，浸润着未名的湖水。他在成长，他很茁壮，他承载着无限的希望。我们的国关树，遥望着祖国的山川，心系着世界的治乱。他在思考，他很惆怅，他怀抱着远大的志向……"

现在回头看，离开越久越觉得曾经的日子值得回味，曾经的生活也越来越清晰。北大不愧是一个兼容并包的大学堂，每一个人在这里向着自己理想的方向发展，都能吸收到自己需要的养分。当时校园里活跃着几个原创歌手，很多歌曲被编入校园原创电影、舞台剧等，被大家传唱，有些则成为各个院系的院歌，每一年合唱比赛大家参赛的曲目有很多都是原创的。这里藏龙卧虎，人才济济。我是一个在拘谨环境下不会施展自己的人，所幸来到了北大，在这种宽松的环境下自由地发展，结识志同道合的朋友，品尝年少轻狂。如果说阴差阳错磕磕绊绊最终进入北大是命运的安排，我感谢上天对我的眷顾，感谢我在这里认识的每一位老师、同学，还有我在这里度过的每一天。

毕业·我们出发

每一个北大人心中都有一种浓浓的北大情结，这个名字和这种情结让我们无论走到哪里，都能感觉到被一条无形的纽带和一个群体的命运维系着。这是一种道不尽的儿女情长。行文至此猛然发现如此难以收笔，然而再多的文字也不会让时光倒流，再多的文字也不能尽数燕园的点点滴滴：曾经挑灯夜战的图书馆、家长里短的宿舍楼、牵手走过的未名湖、饭菜飘香的食堂，还有笔墨浓香的教学楼、杂乱无章却彰显着燕园性格的三角地、流光溢彩的百年纪念讲堂……一种情怀在四年中在这个园子里被慢慢培养，愈来愈浓厚，直到经济中心毕业典礼上，即将卸任院长出任世界银行高级副行长和首席经济学家的林毅夫老师的一席演讲，把这一情怀表达得畅快淋漓：

> 毕业了，今天我们从这里出发，让我们充满信心，因为我们是这个时代最优秀的一群人；毕业了，今天我们从这里出发，让我们以坚强的心面对各种挑战，因为任何新出现的问题都没有现成的答案，这正需要发挥我们的智慧；毕业了，今天我们从这里出发，让我们以一百一十年来中国知识分子和五千年来中国士人以天下为己任的普世关怀作为我们人生的追求。只要民族没有复兴，我们的责任就没有完成；只要天下还有贫穷的人，就是我们自己在贫穷；只要天下还有苦难的人，就是我们在受难。这是我们北大人的胸怀，也是我们北大人的庄严承诺！

在百年纪念讲堂庄严肃穆的毕业典礼现场，这一席话讲得每一个人热血沸腾。同是在百年纪念讲堂，一周之后的毕业生文艺晚会上，重温这一席话，每一个人都热泪盈眶。从走出校园的那一天起，这一席话便被每一个北大人铭记在心中，融化在血液里，勉励一生。

第五章 院墙之外

  年轻的心是躁动和不安的，跃跃欲试地向往着外面的世界。北大正是这样一片神奇的土地，她自由的空气给你无限的空间，让你发挥自我和寻找自我的各种可能。

不务正业的北大生

在北大,我所读的国际关系学院以重视自由和学生的成长多样性著称。刚进校园的时候就听人笑谈,说"国关"是北大四大疗养院之一,"四大"的说法版本不同,但每个版本"国关"都名列其中。以我的性格和特性,进入"国关"最适合不过。在本科毕业前,我就明确了而且还通过实践证明了自己真正的兴趣所在和毕业以后想要发展的方向,这多亏了"国关"给我的自由和宽松的学术氛围。"疗养院"造就了一个"不务正业"的学生,我时常这样和朋友们调侃,但调侃之余,内心是充满感激的。因为这种宽松的学术氛围没有迫使我把全部精力都放在学术研究上,课余时间除了前面谈到的众多校园社团活动,我还在校外做了各种实习和兼职。对不同行业不同领域的接触和体验,让我清楚地认识到自己真正的兴趣所在和所适合的工作领域。身边曾经有人质疑我选择的工作杂乱无章,没有针对性,这一点上我不认同,这么做的初衷恰恰是想各行各业都有所尝试,实习或者短期兼职就是为了体验。对于年少没有阅历的我来说，没有切身尝试怎么知道自己喜欢什么，能做什么，能不能做好。这其中多数的经历表面看起来对我今天的工作没有什么帮助，但其实对我走到今天都起到很大的推动作用，而且让我走得如此坚定。回想起来，那时确实很累。时间被各种活动和工作扯得支离破碎，体力消耗也很大，每天白天跑很多路，做很多工作，晚上回到学校忙社团活动，半夜看书学习，睡眠很少，更没有什么娱乐时间。或许现在的我再也找不回当年的激情，同时做那么多事情还满满地保持着那份热情，那时候我挂在嘴边的一句话就是：人的潜力是无限的。今天的我很庆幸曾经那样拼过，那段经历并没白白浪费，相反每一天做的事情都早已经变成一笔财富。直到今天有人问起我，当初怎么就下定决心转行做了现在的行业，我都会说，因为这是我在做了各种尝试之后的选择。正如我经常和学弟学妹们还有曾经质疑我的人说的，没有任何一段经历的价值为零，只要你投入去做了，你总会有收获。

实习小编

在《环球时报》编辑部的暑期实习是我的第一份正式实习工作。那是 2006 年冬天，大学二年级念到一半的我成了编辑部历史上最年轻的一名实习生，在编辑部国际论坛版跟着版面编辑做小编。负责版面的两个编辑都是年轻人，到编辑部也没有几年，我亲切地喊他们

"师傅"，日常工作中他们像学校里的兄长一样教我一个编辑应该做的每一件事情。

现在想想那个时候的我实在什么也不懂，没有任何社会经验可言，刚刚走进大学校门没几天，说起"上班"两个字连自己都被吓了一跳。又期待又忐忑地在上班第一天起了个大早，我穿上了自己觉得最成熟的衣服，妈妈特地送我到编辑部。编辑部办公室位于人民日报社大院里，入口处有大兵站岗，所有工作人员都要凭工作证进入，访客一律在传达室登记办理临时通行证。负责接我实习的人在传达室做了登记后把我带进大院，没想到穿过偌大的院子走到我们编辑部的楼还要很久，不幸的是我还被告知实习生没有工作证，每天上班都要到传达室登记。

编辑部办公楼不大，只有三层，直到离开那一天我也没搞清楚一层是做什么的，总之整个编辑部所有版面编辑加上总编全都在二层和三层，我所在的国际论坛版办公室在总编辑办公室正对面。

上班第一天的工作就是被叫进总编办公室谈话，然后和责任编辑谈话，最后是被师傅带着和每一个编辑部工作人员打招呼。一圈下来除了总编和责任编辑，其他人的名字都记混了。至今我还清楚地记得走进总编办公室面对那个中年人心里那份紧张，没想到他一开口说话竟然那么和蔼。总编是个在国际关系和新闻界小有名气的人物，见面之前便在各种国际问题和社会问题的评论中频频见到他的名字，他的言论也经常会一石激起千层浪引起一番社会讨论。因此在我心目中他应该是一副黑脸包公的样子，结果第一次谈话十分心平气和，让我觉得这里对我很仁义，顿时有了一种归属感。

刚开始我的工作就是每天看看报纸，包括近几天的稿件，然后在网上看看评论等，很是清闲。同事们进进出出，在电脑前敲敲打打，看起来忙碌得很。慢慢地我开始和两位师傅一起做选题，改稿子，翻译文章，也忙碌起来了。每天的选题会上值班编辑把自己的选题一一论述是工作中我最喜欢的部分，信息量很大，还能听到大家的评论；选题会后大家纷纷开始忙自己手上的稿子，然后排版设计，经常为了赶第二天的出版等着稿子审批而加班熬夜。不过忙碌起来之后反而让我觉得自己开始进入状态，是个真正的小编而不再是办公室的旁观者了。

我是学国际关系的，在学校里几乎没有踏踏实实地读些东西，这份工作反倒迫使我每天去跟踪国际实事后再读专业著作。这一读发现自己原来要读的东西这么多，真是学海茫茫。在学校里面专注于每天上课赶论文加上社会活动，反而忽略了让自己沉淀下来博览群书，还好，这份实习工作及时给了我一个警告。

短短一个寒假的实习时间并不长，收获倒是很大，和同事们也都相处得很开心，或许那个时候我觉得自己已经是大人了，但在他们眼里我还是个小孩。最后的那一周，大院门口的大兵哥哥们终于都认识我了，我不再需要到传达室登记了，也不再需要每天早上去上班了。这种细碎的小事说起来总是带着一种感伤。离开的时候，我还学生气十足地写了一份实习总结，把两个月来前前后后的收获和想法都写在里面，觉得既是给自己一个交代，也是给编辑部一个交代。没想到后来听师傅们说，那份总结在编辑部楼道的宣传橱窗里贴了好几个星期，那是每天发布重要通知的地方。

在风险投资公司做梦

大二那年暑假，我到了一家国际知名的风险投资公司全职实习三个月，老板是中国著名的投资人，能有机会近距离跟他学习，我想都没想到。至今还感慨我其实是个被命运青睐的小孩，一直以来被上天眷顾，不时遇到一些自己想都不敢想的机会。

老板还是艺术爱好者，这位始创先河的中国投资人也是著名艺术投资人和拥护者，曾经和著名声乐家学习过声乐，多年以来设立各项艺术教育奖学金，在中国投资艺术项目。身为美国某知名大学的校董，他与太太联手在艺术学院设立奖学金，专门资助中国留学生。

实习报到那天老板把我叫进办公室谈话，一进门我就看到一幅大照片挂在墙上，是他和世界三大男高音之一多明戈的合影，我脱口而出他的名字，老板非常开心，跟我说，很快他们就会有合作项目。我听了心里无比羡慕，同时也突然觉得自己在这里和世界级的艺术家们距离好近。谈话的全部内容都围绕着我的兴趣和在这里希望获得什么样的经历，老板慈祥得像我的父辈，听完我幼稚又笨拙的想法后，给我很多建议。对于风险投资决策我一窍不通，但我对艺术的浓厚兴趣早在报到之前他就有所耳闻，于是我在公司实习期间就主要负责一个北京近郊音乐基地项目的策划案，其余时间协助公司的媒体基金做调研。

这个音乐基地的想法是公司老板在美国上学、工作期间萌生的，受到当地一个有着百年历史的音乐节的启发。指挥家小泽征尔在一次访谈中被问到对中国艺术发展的看法时也提到，中国是一个艺术大国，但是缺少可以和探戈坞（Tanglewood）音乐节、阿斯本（Aspen）音乐节等规模和专业水准相媲美的音乐节。公司老板就更加坚定要打造中国第一个类似的音乐基地。听了老板大概的设想之后，对西方音乐节几乎没有什么了解的我仅仅是觉得这是一个很大的项目，当时刚刚选定音乐基地的地址在北京近郊长城脚下，还没有任何具体策划，我的工作就好像是在一张白纸上画画，这让当年什么也不懂的读大学二年级的我觉得责任重大，甚至有点承受不起。不过自从进了北大，我已经学会了告诉自己，潜力是无限的，不去挖掘就永远被埋没，就永远不知道自己究竟可以做多少，做多好，于是也就渐渐习惯了挑战自己。于是答应老板从对美国几个知名音乐节的调研开始，其中一个就是波士顿地区附近每年夏天的探戈坞音乐节。我的任务是调研后，做一份可行性方案，对音乐基地的筹办提一些建议。

我用三个月完成了一份几十页的策划案，期间经过与老板的讨论和不知道多少次的修改，虽然在今天以专业的眼光来看，这份策划案是那么幼稚可笑，漏洞百出，但不能否认的是当年全身心的投入。而且通过一段时间的调研，我对美国的音乐节市场增加了很多细致深入的了解，加上老板手把手地教，这些是真正让我受益匪浅的部分。当然这是后话，是几年后我在波士顿大学开始了艺术管理专业学习的时候才深深体会到。或许，那三个月的经历就是我和艺术管理最初的缘分吧。

  对这个项目，老板说这是他一直以来的一个梦想，我也把它当成了自己的梦想，我崇拜有梦想的人，更崇拜有能力实现自己梦想的人，而对于真正脚踏实地去实现梦想的人，我更是敬仰的。三个月，其实是在书写一个梦，一个字一个字地敲出来，一章一章地拼凑成一个大大的梦想。然而命运竟然是如此神奇，2006年夏天实习过后，我就离开了这个公司，音乐基地项目也逐渐淡出了我的生活。直到2011年夏天休假回国，收到一份邀请函，来自这个音乐基地，才知道这个项目已经正式投入运营了，第一年的音乐节项目做得相当有规模。在一个仲夏夜，我和家人驱车来到绿树成荫的长城脚下，坐在草坪上欣赏露天音乐会。我很欣慰曾经的梦想已经成为现实。更加巧合的是，音乐节结束后我又回到了公司，和当年的老板坐下来谈这个项目，而这一次我是作为经纪公司的代表，准备开展与音乐节的合作项目。仿佛回到了五年前，虽然时过境迁，我已经不再是当年那个初生牛犊的学生，什么都只会凭空想象，我们的谈话变得很实际很现实，可这个梦想依旧在，我们又在共同为着这个梦想而努力着。一个梦想的实现是需要时间的，不知道要多少年它才可以发展成我们憧憬的模样，但只要我们在一点一滴地努力，我相信总会有实现的一天。

亲近北京音乐节

从很小的时候开始，因为学音乐和跳舞，父母经常带我去看各种大大小小的演出，从交响乐到歌剧、芭蕾等。还在一般孩子坐不住两个小时看演出的年纪，我就可以安安静静地在座位上欣赏整场演出，这也使得父母没有任何后顾之忧地带我从小看各种演出。北京大大小小的剧场、音乐厅里看的各种演出是我童年记忆里很重要的一部分。

上小学的时候北京有个音乐节，我每年都会去看。他们在每年金秋十月把国际级大师和乐团汇聚在北京的舞台上，稍稍长大些后知道它真正的名字叫北京国际音乐节。心目中这成了一个神秘又崇高的名字，没想到几年以后竟然有机会和音乐节有了一段亲密接触。大二那年经人推荐，我进入了北京国际音乐节组委会做志愿者，负责接待艺术家们。一年以后正值音乐节十周年，节目策划得颇为隆重，我继续加盟组委会，成为一名兼职工作人员，负责市场宣传和儿童音乐会项目。

在音乐节的两年，最值得回忆的是得以有机会近距离接触到国际大师们。还记得第一天到音乐节报到那天，收到节目部同事给我的一份演出日程表以及艺术家接待行程的时候，看着一个个只有在专业杂志和经典唱片中才可以见到的名字时，我觉得自己简直是在做梦。这些在电视上和广播里出现的让我仰慕的大师竟然就要近在咫尺，而我还要和他们一起工作。

第一年音乐节，我先后和钢琴大师毛利齐奥·波里尼（Maurizio Pollini）、钢琴家保罗·巴杜拉-斯柯达（Paul Badura-Skoda）等一起工作，后来又有奥地利维也纳室内乐团和米兰小剧院的莫扎特歌剧《女人心》剧组的项目，从装台、架舞台布景一直到排练、带妆走台，到最后演出和庆典酒会，一个个项目跟下来我觉得自己打开了另一片天地。以前只知道看演出，不知道每一场演出前前后后要有这么多的人付出如此多的时间和心血。对于演员，台上一分钟台下十年功；对于音乐节这样的艺术组织机构，其实道理也差不多。大家忙一年，经历各种交涉和洽谈，到临近演出的时候没日没夜地跑场地盯项目，每一个细节都要做到万无一失，只为换来最后观众们看到的一场完美的演出。中间的冲突、混乱和挣扎都会在大幕落下那一刻变成皆大欢喜。在这里我觉得自己一下子从一个象牙塔里的学生变成了一个社会人。

有了第一年的基础，转年是音乐节十周年，组委会花了很大功夫筹划了一场音乐会马拉松庆典，因为需要更多的人手，于是我成了一名兼职员工。说是兼职，其实在音乐节举办的两个月内，基本上除了上课，我都是在音乐节上的，就连晚上都住在组委会下榻的酒店里，名副其实是一名超时工作的兼职生。音乐节正式运行前期，我的主要工作是市场宣传，和媒体打交道，涉及艺术家采访的时候也会和艺术家们接触。此外还和赞助商们打交道，和公关公司一起筹划庆典酒会等等。音乐节正式开幕以后，我们的工作场地就转移到了每场演出的剧场和音乐厅，到了实战的时候基本上也没有什么分工了，大家就是一个团队，每个人都是"救火队员"。还记得开幕式演出之后的庆功酒会上，我被临时指派做发言人同声翻译，手上没有任何发言稿的我就生生被推上舞台。束手无措的我紧张到连发言人说了什么都不太记得清楚，但看到台下所有同事都充满期待地看着我的时候，我知道我不能给团队丢脸，我必须做到最好；还有儿童音乐会即将开演的前一个小时，因为之前忙于处理其他事务，即将登台做主持人的我连化妆都忘记了，团队里面精通美发和化妆的姐姐们从家里带来各种装置和化妆品，短短二十分钟就把我收拾成了另外一个模样，可以华丽地站在舞台上了。那种凝聚力让我感受到团队的力量和一种安全感，没有什么问题足以让大家害怕和退缩，没有什么问题是不可以解决的。

常规工作之外，我还自己承担下来一个单独的项目——儿童音乐会。这是音乐节的一部分，却是商业演出外相对独立的儿童教育项目，那一年由德国的班贝格交响乐团承担演出任务，音乐节组委会担任项目策划。至今也很难想象组委会是凭什么对我一个象牙塔里的兼职生有那么高的信任，必须承认的是上天又一次眷顾我，给了我这么好的一个练手的机会。

开始我接到的是一份乐团教育项目部主管发来的策划书，是根据之前和组委会简单沟通后起草的，主要是将一部著名古典音乐作品的背景和所要表达的内容讲述给小朋友们听，配合乐队的逐句演奏和指挥的解释来帮助他们理解古典音乐。这算是整个项目的雏形，这在很大程度上减轻了我的压力，整个项目从第一天起就在完全可控的范围内。我在草拟文案的基础上加入自己的理解和建议，在和乐团负责人来来回回的邮件和电话沟通中把策划一步步完善。

最终定稿后便进入实际操作阶段。首先我需要把整个项目材料翻译成中文，而且语言需要适合音乐会届时的听众，即初中以下的学龄儿童；其次是和指挥交流现场的沟通问题；其余的便是乐团和指挥抵京后面对面的细节调整。由于我既是项目策划也是最终音乐会的主持人和翻译，对整个项目了如指掌，使得彩排进行得很顺利，几乎是一遍通过，最终的演出如预期般圆满落幕。

音乐节十周年收尾之时，也差不多是我和音乐节说再见的时候了。两年的经历让我觉得，自己已经融入这一项事业，走的时候回忆起工作中每一天发生的每一件小事，都觉得舍不得。但那个时候已经决定毕业以后要出国留学了，所以没有办法到音乐节工作。在音乐节的两年里我清楚地意识到自己真正热爱的行业是什么，于是决定了毕业深造的方向。离开的时候，我对音乐节说"后会有期"。

出国以后，每年到了音乐节举办的时候我还是会关注他们的演出。刚刚出国那年音乐节闭幕的时候，正好是我到了美国最不适应最难熬的日子。音乐会闭幕式一结束，手机和邮箱里纷纷收到音乐节同事以及去了现场的朋友们发来的照片和信息，看着那些文字和照片回想起曾经和大家一起奋斗过的日子，仿佛一切就发生在眼前，那种温暖让我从未觉得自己离开过。

IT 试水

离开音乐节的时候我已经步入大学四年级，同学们都在紧张地准备毕业论文，寻找毕业出路。我也不例外，本打算回归校园生活，安安稳稳轻轻松松给自己的四年大学生活画上一个句号，结果计划终究赶不上变化。就在临近寒假的时候，我得到了一份在微软大中华区市场部实习的机会，几经考虑我打算再次挑战一下自己：课程、毕业论文、毕业出路、社团活动、校外实习，一个也不能少！

面试的时候大中华区的总裁把我叫到办公室面对面坐下来，面对眼前这个年过花甲却头脑异常清晰的传说中的世界 500 强高层，我的心紧张到极致。却没想到他非但没有问我任何与工作相关的问题，反到问我对自己的未来有什么规划，这个突如其来的问题我毫无准备，确切地说那段时间做的事情东一榔头西一棒子的，没有什么条理，更不好意思和眼前的高管谈论那些连我自己都觉得鸡毛蒜皮的小想法。越紧张越说不出来，最后还是对方先开了口，对我说：你们这些即将走出校园的年轻人我见多了，你们年轻有活力想法多都是让我羡慕的，对未来迷茫也是我完全可以理解的。然后又提了一些针对我目前现状的想法，最终他把我安排在几个平行小组里面唯一一个由白人带领的团队，负责以中小企业为对象的产品的区域市场管理。

和大老板谈完，一方面对老板的器重感激有加，一方面又深知自己最后一年在校园里面未完成的事还很多，究竟有多少时间和经历可以用来投入这个全新的领域，能够学到多少东西，多大程度上可以得到这位白人组长的认可并且不让这位爷爷辈的大老板失望都是未知，这带给我很大的压力。入职前我还和组长以及组里成员们，也就是今后我的同事们详谈了一次，团队的主管是刚刚从西雅图总部调到大中华区的一个美国人，说话风趣幽默，但据说是个非常有见地的人。团队成员是一群有着不同海外背景的年轻人，他们对我一个初来乍到的新人倒是很友好，在入职的第一天就分别安排了单独会面，给我讲他们手上负责的工作和对我工作的指导建议，轻松的谈话让我一下子爱上了这个新的团队，压力自然也小了很多，对未来不知道会做多久的这段实习又一次充满了期待和满满的激情。

后面的几个月时间里，我每周只在课最少的两天去公司，每去一次都要忍受北京恶劣的交通状况。从位于西北四环上的学校到东南三环上的办公室，单程就要将近两小时，初做外企白领的新鲜感很快就被对拥挤交通的厌倦所替代，所幸公司的文化和氛围一直让我觉得轻松自在，每每走进公司大楼，一路的疲劳也就烟消云散了。

短暂的几个月实习，在我做出到波士顿留学的决定后就终止了。要全身心投入留学准备工作了。虽然在IT业市场管理方面并没有让我得到什么大的发展，不过这一段全新的经历让我知道这个行业的人们在做什么，怎么做的，也挺有意思。很多人问过我，这些毫不相关的实习占了你那么多时间和精力，为什么还要做，我的答案一直都没有变过：没有任何一段经历是没有价值的，只有你没用心才会看不到价值。不去尝试，你怎么知道自己是否真正喜欢一个行业，是否适合一个行业？当我们毕业了，开始了全职工作，你每换一次工作要付出的代价就要大很多，你要考虑到频繁跳槽会影响到公司对你的信任，你要考虑到了一个新的公司要重新适应新的文化新的氛围，积累经验和公司内部人脉要全部重新来过，你更要考虑随着年龄的增长是否应该尽快找个地方安稳下来……很多人就这样考虑来考虑去，十几年几十年就不知不觉过去了，生活一直处于一种不满意不称心的状态。那么为什么不利用实习的机会尽可能多地接触一些行业，虽然可能你做的并不是什么实质性的工作，但起码你可以近距离地了解一个行业，这种亲身经历要来得直接和真实很多。

美好的奥运志愿者

写到这里的时候，正值2012年伦敦奥运会开幕第二天，就在这一天，奥运圣火再次被点燃，又一次心潮澎湃过后，在这个炙热却宁静的午后回望四年前奋战在北京奥运会的日日夜夜，不禁感慨，又是一个四年。

2008年北京奥运会上，北京大学负责鸟巢和进行水上、乒乓球比赛的几个场馆的志愿者服务工作，安排国际关系学院负责场馆的颁奖仪式。其实奥运会召开的时候，严格意义上我已经从北大毕业了，但颁奖仪式对志愿者要求比较高，院里决定从已经毕业的大四学生里挑一些人支援志愿者队伍。我在大学四年一直活跃在各种社会活动上，和院里关系很好，毕业后又不用很快开始工作，于是我就这样又一次阴差阳错地被北大挽留了三个月，成为了一名奥运会志愿者。为了能坚持到奥运闭幕的那一天，我把自己出国的日程一推再推，最终推到奥运会结束，距离正式开学只有两天的日子，在北大多生活的这三个月，和学弟学妹们一起参加培训，住在他们的宿舍里面，奥运会开幕以后每天和他们一起坐大巴到比赛场馆，结束后再一起回到校园，那段日子也经常被我拿来开玩笑说，我是一个北大的"留级生"。

随着奥运会的开幕，经过一段时间的培训，我们也要真正上场大显身手了。鸟巢的颁奖仪式区是我们的主战场，每个人手上一份赛场的详细比赛日程表和颁奖仪式日程安排，我们就根据这两份表格从赛场上把获奖运动员领到颁奖仪式区，交代好注意事项，把他们送上去领奖，再接回来，就算圆满完成任务了。说起来简简单单的一句话，也培训了很久的时间，从最开始的认识各国国旗、熟悉各国国歌到认识奖牌，和托盘的礼仪小姐还有国旗班的旗手们相处。大家都说我们这里是志愿者里面最光鲜亮丽的一个组，因为不但有帅哥美女，还有满满一个仓库的金银铜牌。颁奖仪式区的大屋子里面有电视，现场直播赛场上的比赛。边上两个房间一个是国旗储藏室，里面有志愿者们每天熨烫平整叠得整整齐齐的所有国家国旗，每一个志愿者都可以在听到国家名字之后的几秒钟之内找到相应的国旗，然后由旗手挂在相应的旗杆上。另外一个是礼仪小姐们的化妆间，里面每天充斥着发胶和化妆品的味道，里面走出来的每一位都是打扮精致代表中国形象的穿着青花瓷旗袍的托盘美女。这个房间里面还有一间密室，大家都不能随便进，就是奖牌储藏室，每一个颁奖仪式即将开始前，有专人进去取奖牌。

真正比赛的时候还是蛮紧张的，我们会带着该项比赛的全部资料，到赛场上现场观看比赛，为的是第一时间知道比赛结果。我们被分为三人一个小组，组里一个人负责接获金牌的运动员，另外两个分别负责获得银牌和铜牌的运动员，一对一免得混乱。鸟巢的比赛都是田径类的，田赛类没有那么紧张，径类就带有浓厚的比赛气氛了。随着一声枪响，短短几十秒就见分晓了。每次站在终点线戴着耳机等待比赛结果的时候，我都觉得自己比运动员还要紧张。当然肉眼看到的比赛结果有时候是会有误差的，我们最终会以耳机里面听到的裁判员宣布的结果和运动员号码为准。我们找到相应的运动员，等他们在现场发泄完比赛后或兴奋或愤慨的各种心情，然后一对一地跟随他们经过媒体采访区、新闻区，到更衣室稍事休息，最终领他们到等候区。这个过程时长时短，根据日程安排而定。有的比赛刚刚结束马上就是颁奖仪式，整个后台就会比较紧张，我们会在负责人的催促下带着运动员一路小跑。对于田径运动员们速度都不是大问题，问题反而在于他们跑起来我们在后面根本就跟不上，经常都是我们拼命地跟在一个世界短跑金牌运动员后面生怕把他们跟丢了。有的比赛结束很久才是颁奖仪式，有时候甚至安排在第二天，时间充裕的时候后台就从容很多，运动员们一般比赛后心情很好，一路有说有笑还可以聊很多有趣的话题。不过也有出问题的时候。田径运动员获奖的多数都是黑人，赶上男子长跑项目的时候，几乎后台清一色都是光头的黑人，一个个样子又长得差不多，刚从赛场上领下来的时候还可以根据他们身上的号码区分彼此，一旦经过更衣室，他们换回原来的衣服或者把号码撕掉了，我们就根本分不出来谁是谁，志愿者们就相当头疼这种情况，跟得太近运动员们不自在，保持距离后又容易认错人，有些运动员还基本不会讲英文，搞得大家哭笑不得。

可以说，我们的工作岗位是整个奥运会上最充满欢声笑语和鲜花掌声的地方之一，每一个被领到这里的人都是赛场上的优胜者，就算是获得银牌和铜牌的选手，或许有些小小的遗憾，但依然还是值得祝贺的。每天结束的时候房间里面会有很多选手们留下的鲜花，相机里面是充满着收获喜悦的照片。那时候大家经常带着调侃的语气说，我们的工作完美中只有两点遗憾：一是这里接待的选手中几乎没有中国选手；二是选手们从颁奖仪式上下来一高兴会把鲜花送给我们，却没有一个会把奖牌送给我们。

未来，我将何去何从

转眼升入大四了，不得不考虑毕业去向了，何去何从是每个人必须面对的现实问题。曾经经历中考高考层层考验的我们这一次忽然变得没有了方向，因为考试分数和升学不再是唯一的选择，更不是唯一的衡量标准了，就在选择多起来的时候，我们反而不知道路在哪里。每个人在这个时候都要为自己的人生做出一道单项选择题，我做题的方式是排除法。

回首大学前三年，校内校外不停地忙，甚至都没有时间认真考虑毕业以后往哪个方向发展，只是一直沉浸在眼前的事情和那些小小的成就上，总以为自己已经长大，却在"认清自己"这一重要衡量标准上面还差得远。

我舍不得离开北大，但保研的资格从来没有争取过，也自知争不过那些学术达人；同时也觉得自己不适合再继续在国际关系这个领域走下去，因为我深知自己并不是一个做学术研究的人。三年的"国关"经历虽说很轻松愉快，但那只是典型"国关"本科生的生活，走进研究生进入专业领域便意味着向着学术方向发展，或许我所眷恋的是学生生涯，只是象牙塔里涂上清纯色彩的生活方式而不是学术，于是我把这条路从选择项里面删除了。

而父母希望我参加公务员考试，觉得女孩子工作就是求个踏实稳定。这几乎是所有典型中国式父母对子女，尤其是女孩子，表示关爱的最直白最质朴的方式：没有很高期望，更没有压力，有的只是稳定和闲适的生活。对于这种关爱和想法我非常理解。于是我并没有反驳父母的意见，而是按照他们的想法报了名，也在考试当天进了考场，但我的表现可算绝非一般。首先，在试卷发下来之前我根本不知道考试类型，所有参加考试的人都挑灯夜战，看书，做题，我连考试内容是什么都完全没有概念，甚至连考多长时间都不知道；其次，考生们都严肃认真地带着准考证和文具走进考场正襟危坐，看到他们我忽然回想起高考的情景来。而我自己是手拿一罐咖啡塞着耳机走进考场的，发现自己的座位在监考老师的讲台正下面，若无其事地坐下来，镇静地打开手上的咖啡，易拉罐被拉开的声音很响，大家都向我投来异样的眼光。试卷发下来，我喝着咖啡一边转着笔，一边三心二意地看着那些试题，终于一道道答完了，却发现还没有到考试结束时间，试图提前交卷竟然还被监考老师拒绝了，只好无所事事地在座位上熬到考试结束，那是我生命中最最漫长的十分钟，也是在那十分钟里我忽然清楚地意识到这不是我要走的路，于是我决定放弃下午的后半部分考试。当然这个决定当时没有告诉父母，我只是只身一人回到了学校，直到晚上他们打电话来询问考试情况才告诉他们。起初他们真的气坏了，长这么大我没有如此违抗过他们的命令，曾经的乖乖女如今做出这样出乎他们意料的决定，大概他们需要一段时间才能接受和适应。不过至今我也没有后悔当时的选择，因为在我看来，我自己完全不是个做公务员的料儿，耐不住寂寞，天性坐不住。没有结果的事情，就不值得花时间和精力，于是我才没有复习，没有去研究考试，更没有花那个下午的几小时来完成考试。这一点后来父母也慢慢理解了，我很感谢他们的理解，也请他们原谅了我当时的任性。考试成绩出来的时候父母一阵惋惜，连我自己都很惊讶，我的上午考试部分发挥超好，按照当年的国家公务员录用标准，下午我只要过了底线就可以稳稳被录取，换句话说，也许当时我坚持考完，今天的我可能正坐在某国家机关的某间办公室里面读文件。谁知道呢？

保研和考公务员两条路放弃之后，我还有两条路可选：找工作和出国留学。对我来说这两者各有利弊，也各有吸引我和适合我的地方。我需要做出选择，这个过程是艰难的。毕业之前几年实习和工作过的地方在我离开的时候都给了我正式工作的提议（offer）。衡量再三，我接受了微软的工作提议，觉得用这样一个跨国大企业作为事业的起点，平台算是很高了。更何况刚刚工作没多久，我觉得还有很多需要深入了解的。我的同事们都很棒也很有经验，经历也都很丰富，每天和他们在一起就是一起吃午饭聊天都可以学到很多东西。后来公司对我的职位和待遇做出调整，毕业前按照兼职处理，毕业后转成全职，做的事情不变。

工作上有了着落以后，我心里却一直不踏实，总觉得这不是我以后发展的方向，和我学的专业没有什么关系，和我真正的兴趣爱好更不吻合。进入微软工作，我没有一点相关背景，接受了这个提议似乎仅仅是为着这个世界500强公司的名字和公司对我的好意，如果今天就这样接受了，或许很快我就会发现其实自己并不喜欢这份工作或者这个行业，到时候还是要花一番心思去想后面的路怎么走。如果那样的话，我实际上只是把做出真正选择的那一时刻拖到了几个月或者几年之后，此时此刻却并不能算是做出了真正的选择。

从小到大的成长氛围让我深知，自己的兴趣爱好在文化艺术方面。我时常会想，如果把兴趣爱好和事业结合在一起，那是再好不过了。于是我开始思考文化艺术领域的工作，包括曾经工作了近两年的音乐节。我在那里的工作热情是大家有目共睹的，身边的朋友也觉得是适合我的行业。但转念一想，国内的文化艺术行业包括音乐节都正处于大发展的起步阶段，已经走过十年、发展到一定高度的音乐节，其发展目标和社会对它的期望都是国际化的一流艺术节，在那里长期立足、承担要职的同事都是有海外留学背景和一流工作经验的，我一个刚刚毕业的小姑娘进去很难在短期有大的发展，或许有一天还是需要去充电，还不如趁着自己还年轻就出去闯一闯，学点专业本事，对行业了解多一点，那个时候再回来或许更好。就这样我的天平开始慢慢倾向出国留学这一边。

做出决定容易，真正实施起来要花很多工夫，准备托福和GRE考试、申请材料等，让我本来就很紧张的大四生活变得更加忙碌——两个专业加起来四十多个学分的课业、专业毕业论文、一周两天的兼职工作，现在又加上出国申请的材料和申请论文。好在进入大四前的那个暑假在耶鲁上学的时候，已经趁周末到几个心目中的学校与相关专业老师聊过一些申请的事情，这可以免去做学校和专业方向两方面的研究。同宿舍的另外三个姐妹都顺利通过了保研考试，她们的生活状态和我是天壤之别。那个时候我才真正理解北大流行的一个说法，说保研的大四学生过的是"猪"的生活，找工作和申请出国的过的是"狗"都不如的日子。

在我紧张地准备出国申请的过程中，我的父母是最反对的。他们不同意我申请的专业，更不同意我以后在这个领域发展，在他们看来，艺术管理根本不是什么事业，除非你自己是艺术家，不然无非是个打杂的行当。为了这个，我曾经和父母有过无数的争吵，赌气的时候我为了躲避他们，不回家，把自己关在学校图个心静。他们不同意我申请，当然也就不会给我提供任何支持，于是从准备考试、上新东方课程、找人写推荐信帮忙修改申请材料，通通一个人处理。看着自己的申请论文从草稿版的不堪入目到两个星期内被五六个人修改成最终版本，我觉得那是世界上最美的文字。除了在修改过程中我难得地有重新审视自己、了解自己、认清自己的机会外，那里面凝结了太多朋友和师长的心血，不知道多少个夜晚在咖啡厅和朋友抱着电脑一个词一个词地斟酌，每每打开邮箱看到许久没有见过面的朋友发来的修改意见，心里都是一阵感动，我知道自己并不是一个人在奋斗。

等待申请结果的日子是漫长的，充分考验一个人的耐心和承受能力，起初我申请的几所提前录取学校统统给了我一纸拒信，直到收到第一封录取通知书的时候我甚至不相信自己看到的内容，还要写邮件和学校确认。但我最想去的学校却迟迟没有给我任何消息，左思右想觉得大概是托福成绩不够理想，于是决定为了这所学校重新考一次。为了节省时间直接把这所学校填成了送分学校，这样系统里面成绩一出来对方学校就可以收到，没想到这一次考试却恰恰让我和这所学校失之交臂：考试的时候机器出了问题，导致我的考试成绩只有七十分，远远低于学校要求的分数。果然成绩出来没几天我就收到了学校的通知，说由于托福考试成绩太低而无法录取我，和学校联系的结果是如果我可以再考一次，达到学校要求的成绩就可以被录取。于是我第三次走进了托福考试的考场，这一次发挥得很好，取得了113分。但在等待学校发录取通知书的期间，4月15日到了，这是所有学生必须要答复学校的时候，于是我答应了波士顿大学，并在两周以后收到了波士顿大学发给留学生的I-20表格，拿到这个表格基本上就确定了你是这所学校的学生了，由于身份问题不可以轻易换学校，不然签证有可能出现麻烦。在我拿到波士顿大学I-20的一周以后，我收到了那所最想去的学校的录取通知书，而那个时候已经不能改变。或许这就是命运吧，同时我也相信了之前实习的时候和波士顿大学结下的缘分。

大学四年里，大概别人眼中的我永远很忙碌，像一个陀螺旋转在课堂、课外活动和工作之间，我努力让自己平衡每一件事情，努力让自己从容应对，努力让自己微笑面对大大小小的压力和挫折，大概每个人都只看到了我丰富多彩的生活和各种收获，不断有人问我：是什么让你如此精力充沛地把每一件事情都做好？我给出的答案是：人的潜力是无限的，只要你肯挑战自己，你永远也不知道自己可以有多大能量，可以胜任多少事情。毕业的时候接受低年级小学妹的采访，她

在蓝天幼儿艺术团演出
《天安门的早晨》(左一为作者)

在蓝天幼儿艺术团演出《赶集》
(左二为作者)

在蓝天幼儿艺术团参加演出,
与舞蹈老师合影。

我的钢琴启蒙阶段

在家苦练书法

在天坛公园花坛前摆姿势

和我的钢琴启蒙老师赵易山

父母周末带我到郊外写生

2002年7月随实验中学文化艺术交流团赴欧洲艺术交流

高中毕业典礼上与敬爱的谢瑾老师留念

十八岁成人冠礼上

2006年北京大学与哈佛大学联合举办哈佛世界模拟联合国大会，作为主席团成员在开幕式上（左一为作者）

2007年带领北京大学模拟联合国协会代表团出席在瑞士日内瓦举办的哈佛世界模拟联合国大会（前排中间为作者）

在北京大学代表模拟联合国协会会见来访的前联合国秘书长科菲·安南（中间一排右四为作者）

参加首届亚洲国际模拟联合国大会开幕式（主席台左一为作者）

与北京大学交响乐团在校园新年音乐会上演出（前排中间为作者）

在"为了孩子"义卖活动上（右二为作者）

代表北京大学赴台湾参加中央电视台和中天电视台联合举办的海峡两岸知识竞赛（左一为作者）

在台湾参加海峡两岸知识竞赛过程中代表北京大学参加才艺比赛，表演民族独舞，与中山大学两位才艺选手合影（中间为作者）

中国经济研究中心毕业典礼上从林毅夫手上接过毕业证书

北京大学国际关系学院毕业典礼全体毕业生合影

作为2008年夏季奥运会志愿者，在颁奖仪式之后与获奖运动员合影

2012年首届纽约中国春节音乐会上和专程赴美演出的笛子演奏家唐俊乔老师合影

第九届北京国际音乐节上与钢琴家保罗·斯柯达留影

波士顿大学硕士毕业典礼后与父母合影留念

参加第十届国际音乐节时与全体工作人员的合影（前排左四为作者）

第十届北京国际音乐节奈吉尔·肯尼迪新闻发布会上担任主持和翻译

在保利剧院主持第十届北京国际音乐节儿童音乐会

郎朗三十岁生日音乐会现场

纽约时代广场大屏幕上,与郎朗、郎朗基金会总监在纳斯达克为庆祝中国春节敲当天的股市开市钟

与郎朗、中国驻纽约总领事馆总领事孙国祥夫妇等在纽约时代广场纳斯达克直播间

陪同郎朗参加白宫国宴演出

在白宫国宴演出上和我的两个"中文学生"合影

在加州巡演时乐团组织的筹款晚宴上

在卡内基音乐厅为海地地震举办筹款音乐会

在母亲节于纽约一家贫困单身母亲救助站为贫困母亲们准备午餐

问我想要留给后学们什么忠告，想了半天我又一次重复了不知道说过多少次的话：每个人都有自己的梦想、追求和生活方式，没必要和别人比较，看到自己的风景最重要；要享受自己的匆忙，也要享受只能静静等待的时候自己内心的煎熬；积极投入，人的潜力是无限的。

第六章 我与梦一起飞跃重洋

临行前,我天真地以为迈出这一步,就离梦想更近了一步。而"飞越重洋"四个字所蕴含的各种艰辛、困苦、迷茫与挣扎,只有自己走过一回才能体会。

回家的路有多远

　　一个人在外的日子，你根本不知道自己需要有多坚强，也不会知道自己坚强的底线在哪里，什么时候会彻底塌陷。你不能撒娇不能矫情不能有脾气，因为没人理会。莫斯科不相信眼泪，整个世界都不相信眼泪，我们在父母面前习惯了用眼泪解决问题，来到社会上却只能慢慢学着对所有人笑，然后把眼泪咽进肚子里，告诉别人你比任何人都坚强和不在乎。

　　只身一人刚刚抵达波士顿的时候，脑子里不停地回想刚刚结束的奥运会以及北京那熟悉的一切，脑子里全部的景象都和眼前形成鲜明的对比，让我害怕和彷徨，不知道明天会发生什么，不知道未来会怎样，我只知道人已经到了地球另一端，和家的距离已经遥远到回不去了。承诺的誓言让我必须从新开始并坚持下来，而且必须找回那个曾经自信和乐观的自己。

　　起飞的时候，机翼划过天空，带着自己做最骄傲的飞翔。

2008 年 8 月 27 日，去美国临行前：

真的要飞了，奥运倒计时也是我飞跃重洋的倒计时，现在奥运结束了，我也到了该飞的时候了。

我知道这将意味着很多：我将告别一段生活，一段不舍得的生活；我将告别一种生活状态，一种已经习惯了的生活状态；我将告别所有的依靠，二十二年没能让自己真正长大的依靠；我将在一种全新的环境里展开全新的生活，一切都是全新的。这些在做出了出国上学决定的时候，我就已经开始强迫自己接受了；这些都是我迫不及待想去尝试的，所以一直我都满怀欣喜地等待这一刻的到来。

2008 年 8 月 31 日，抵达波士顿三天之后：

经过 18 个小时的飞行，拖着 100 多公斤重的行李，我终于平安抵达波士顿。这座城市用陌生的夜晚迎接我，似乎不像之前的印象那么美好，但这里将是我未来两年生活的地方，或许随着时间推移我会重新喜欢它。就像这座公寓房，刚到的那个夜晚，和同行的姐妹整整哭了一夜，觉得这里根本不是人住的地方，房间里除了几个超大旅行箱以外什么都没有。悄悄从洗手间拿了别人的拖把把地拖了一遍，铺上垃圾箱里拣来的报纸，吹起来隔壁师兄借给我们的只有一米宽的充气床垫。两个人为了不让其中一个人因为床垫充气不足而掉在地上，只能数"一二三"然后一起躺下。没有枕头就用衣服垫着，从箱子里拿出来带的被子，上面带着家的味道，用被子把两个人整个裹起来，一夜不敢翻身。醒来的时候天亮了，枕着的衣服却被眼泪沁湿了。用了两天，我们从四处制备来一些简单的家具之后，这里也就慢慢有了家的感觉。尽管搬每一样东西的时候腿上都会磕出来几块淤青，尽管这种家的感觉是我们勉强加给自己的。

2008 年 9 月 3 日，渐渐适应了全新的生活：

家被我最终安在了校园里的一座公寓内，室友是同班同学，我只想单纯地过校园生活。课最终被我退掉了一门，放慢脚步不一定总是坏事。我不想拿成绩开玩笑，毕竟刚出来根本不知道自己能吃几碗饭。虽然我越来越想回去，但既然来了就还是踏踏实实认真对待，这样混得好一点，将来回去也可以理直气壮找个好工作。现在的我只想赶快开始上课，那样就可以只专注于学习而忽略这里陌生的冷冰冰的一切，希望那样我就会很忙，希望忙起来就没有那么多不适应了。

室友已经开始打工挣钱了，我还在等待，于是每一分钱都要省着用，拿了父母一大笔钱交了学费，再也不忍心找他们要生活费了，而这里的一切都很贵。每天都特别想和国内的朋友聊天，但为了货比三家找一家便宜的网，家里迟迟没有装。我就只能到图书馆去上网，用英文或者拼音打字，日子简直就是煎熬。出国前的一切旅行计划都被我取消了，连周末也哪里都不想去，不知道在耶鲁上学的时候，哪里来的激情让我每个周末都连夜赶车跑出去旅行。

几天前买了一个面包，放在冰箱里好多天了也没吃完，因为太难吃了，但是不舍得扔，饿了就拿出来啃两口，不饿了就放回去。我很乐观地发现我的饮食其实很健康：面包是全麦的；最便宜的苹果很酸，但是维生素丰富；家庭装的东西总是很值，所以一大桶牛奶足够我喝很多天，还保证了蛋白质；一棵生菜包得实实在在的，很多天的纤维也够了。生活一下子变得如此地简单，没有了任何奢望和任何念想，每天走在路上对两边的小店瞟都不会瞟一眼。

我在想，为什么自己现在的状态和以往出来的时候有这么大的差别，大概这就是在这里旅行（visiting）和生活（living）的区别，大概连生活都还算不上，只能算是生存（surviving）。

2008年9月28日，来波士顿一个月了：

终于我也在学校餐厅找到了打工的机会，中午给人盛菜，有时候烤比萨饼，有时候负责炸薯条，一个小时可以挣九美元。

一个月来经常很早出门，为了赶在九点前的免费时段和爸爸妈妈打电话聊会天。出门就不知不觉走向图书馆的方向，那是我唯一认识的路，迎着太阳，迎着风，太阳晒得我睁不开眼睛，风就默默地把眼泪吹干。过了这么多天，我还是不知道哪一天我可以真正笑着、从容地和爸妈打电话。偶尔因为身边中国人很多，我会暂时淡忘这里是美国，可每每回到家，我就会清晰地意识到，这里不是家。不过我知道自己已经很努力了，努力用期望和梦想安慰自己，逼着自己越来越多地接受超过自己承受能力的不适应。父母绝不希望我永远生活在他们的呵护下，如今离开他们的护佑，我发现自己真的已经不是原来那个我了，变得独立坚强了。现在说起来很容易，在其中的时候做起来好难，要付出很多的努力才可以。或许生活刚刚开始，我们的父辈都是这样一步步走出来的，每每想到这些我就觉得自己无能而且渺小。为什么世界这么强大？为什么身边的人都这么强大？父辈们的一生是怎么打拼过来的？是不是每个人都可以顺其自然就变得强大？脑海里的问题越来越多，不知道答案在哪里。

不过上课的时候，我的心情会很好。同班的美国同学们多数都是兼职上学的，白天都有自己的全职工作，他们做的都是我所向往的工作，有着和我一样单纯的热情，于是和他们一起上课，听他们讲工作上的经历，聊他们对行业的看法，让我觉得是一件很幸福的事情。不过仅仅一个月我就已经很清楚，毕业想要在这里找到行业内的工作几乎不可能。这一点其实高年级的学长们早就告诉过我，如今同班的留学生们也很快达成了共识。可我已经全盘接受，然后为了这个单纯的所谓兴趣和理想，还在这里受苦，继续喜欢着这个专业，继续抱着自己的理想和快乐爱着每一门课和每一本教科书，连自己都会笑自己太傻了。第一堂课上系主任就在讲金钱（money）和使命（mission），这两个底线（bottom line）其实不仅仅是非营利组织所面临的艰难抉择，对于我这样的人也是这样。单纯地追逐兴趣爱好，就要接受很多现实当中的问题，毕竟要生存，不能把自己留在理想世界里，不知道自己会傻到哪一天。

残奥会在奥运会之后的十几天里开幕又闭幕了，在同样的地方，一起奋战奥运会的组里再也没有我的参与了，很想回到那段辛苦却快乐着的疯狂的日子。时隔二十天不到，我却只能在大洋彼岸，通过网络了解那里发生的一切，不时地和这里的老师同学们谈起曾经的志愿者经历，让他们小小地羡慕一下。

睡下的时候，枕着一些回忆，给自己一个好梦。但天亮了，面对生活的时候，我们必须向前看。既然迈出了坚实的一步，就不能再回头想回家的路有多远，而应该笑着看，看自己已经走出来多远，看能往前走多远。

2008年10月23日，日子开始变得明亮：

很多人都说在国外生活会很无聊，没有动力，没有乐趣，一切不好的词都用上了。可我想说，那是因为你找不到自己的位置，因为你不会一个人生活，因为你失去了生活的方向，或者因为你找不到奋斗的动力。或许这只是一个位置问题，作为外国人，手里拿一张外国护照，天生就给了人家排挤我们的理由，心态上接受了这一点，你就会淡然许多。作为一个独立的人，到了异国他乡自己生存，只有学会独自面对，很多问题无法逃避，但当你面对的时候它就迎刃而解了。人的天性里都会有特别坚硬的东西，当生活一帆风顺的时候这种坚硬会被掩藏起来，但当你的生活轨迹和环境的变化让你迷失的时候，求生的欲望和人向上的特性会让这种坚硬的东西支撑着你走下去。路是自己选的，就要自己走下去，不管遇到什么，都要坚持，就好像今天的我。

2008年12月31日，新年钟声就要敲响：

在这里生活快半年了，不得不承认起初抱有的关于美国的幻想早已经渐渐破灭。"生活在别处"是一种期许，反应的只是围城心态。或许此刻的我生活在别人的羡慕之中，可我只是每天上学、上班、回家、洗衣、做饭、睡觉而已。朋友说我长大了，我也只能说，生活中的道理只有靠生活来悟。有时候你被迫戴上一副自己都不喜欢的面具，为了一个目的而欺骗别人也欺骗自己。身边的人来了又走，合了又分，太多的变化让我越来越不知道自己究竟属于哪里，也不知道究竟哪一张面孔是可以信任的。

这里的日子平平淡淡，或许平淡才是最真实的生活，时常出现的小插曲让平淡之中泛起一点涟漪，随着时间的流逝荡啊荡，越荡越远。我们可以真实地感受到它们的离去，直到远得有一天我们把它们彻底忘记。2008年，家变得遥远，我每次知道有人即将回国的时候都好像自己就要回家了一样兴奋。我也接受了每一天的平淡无奇，然后告诉自己：接受吧，这就是生活。

打工众生相

在美国生活的每个人都有一个社会安全号，和中国的身份证号码类似，用来记录一个人在美国境内的所有信用和行为记录。这个记录将会跟随你一辈子，影响到一个人的方方面面，找工作、申请信用卡、租房子、申请贷款等都要检查信用记录。不得不承认美国是一个信用社会，小小社安号让每个人都遵守必须遵守的社会规则，一旦触犯行为准则，信用记录就会受到影响。

初到学校的时候为了拿到一个社安号，更为了能赚点生活零用钱，给家里减少点负担，还没开学就申请了一份在学校自助餐厅打工的岗位。一周工作两天，每次四小时，每小时可以挣 9.25 美元，每个月发工资的时候还要扣除各种税，剩下有七个多美元。当时还没有找到实习工作，开始上课后发现白天时间还有富裕，于是又申请了一份在校园里"Subway"三明治店打工的职位，一样的工作时间和一样的工资。这样一个月可以挣几百块，基本上房租和生活费就够了，心理上得到很大的满足，终于除了学费不用家里再补贴什么了。

我上班都是最忙碌的午餐时段，自助餐厅里人非常多，每一个柜台前面都是长长的队伍。每一个柜台都是最传统的美国餐，炸鸡、薯条、比萨饼、意大利面、沙拉和各种甜品。对于美国快餐没有任何兴趣的我从来搞不懂从油锅里捞出来的薯条和鸡块究竟有什么好吃的，成群的美国学生竟然能为了一盆刚出锅的炸鸡尖叫着冲上来一抢而光，每每这个时候我都会在一边冷冷地看着这些白人学生，然后和广东大厨们一起用中文好一番嘲笑他们。

在餐厅打工的几个月每天被派在不同的窗口。有时负责炸薯条和鸡块，被熏得浑身油烟味；有时负责在直径足有两三米长的烤炉边烤比萨，在抻好的比萨面饼上面撒上各种调料，放在一个很长的木质托盘上，送到离火很近的地方慢慢烤熟，每一次都因为手柄又长又重要捅半天，基本上人都伸进去半个身子了才能把饼放到合适的位置；有时候负责盛意大利面，四小时下来胳膊拉面条拉到酸痛不说，围裙上溅的全是意大利面酱，有时候连脸上都是；最惨的时候也被派去洗盘子，餐厅的盘子一个个都又厚又重，真正的洗涤过程都是机器进行，但是需要人工从洗碗机上面端到专门放盘子的车上，想要做得快一点就要一次抱很大一摞，短短几步路就会累得腰酸背疼，四小时下来腰能酸好几天，还经常被盘子上破掉的瓷边划破手。其实打工受点小伤是常有的事情，炸薯条的时候难免被烫到，烤个面包也都难免碰到滚烫滚烫的烤炉，后厨房最显眼的地方放着一大盒创可贴。那个时候经常边贴创可贴边想，谁说时代变了留学生不要打工了，二十年前北京人在纽约切洋葱洗盘子，二十年后新一代北京人到了波士顿没有任何区别，权当体验生活了。

还好，在餐厅当大厨的几个大师傅都是广东人，给白人学生做饭虽然做的都是西餐，但在后厨房自己做的都是中餐小炒。我一个中国学生去打工大概他们也觉得很亲切，一有空就过来和我聊天，聊他们的儿女，聊他们在餐厅工作的经历，最后在我下班的时候悄悄塞给我一个饭盒，里面是他们做的中餐，对我说：外面的西餐太难吃了，带这个回家，热热就是中国饭。每次把饭盒塞进背包的时候心里都觉得暖暖的，现在想想刚刚出来没有朋友又举目无亲的时候是最容易被感动、最容易满足的时候。

Subway 到了中午学生都下课的时候更是夸张，连大雪纷飞的寒冬腊月队伍都能排到小店外面几十米。那时候我很不理解为什么大家这么喜欢 Subway 的三明治，有人告诉我因为便宜，一个一英尺（30.48厘米）长的面包做的三明治就连男生都可以吃上两顿，却只要五六美元。可那个时候我还是觉得好贵，一个三明治基本就是我一小时打工挣来的钱。还好打工结束后可以自己包一个三明治当免费午餐，于是在打工的几个月内吃遍了各种自己发明的三明治搭配。不过每周吃两天 Subway 三明治着实不是什么幸福的事情（一个一英尺的三明治几乎是我一天的饭量），每天为了让自己提起吃它的兴趣，我绞尽脑汁想还可以有什么不同的搭配。除了负责做三明治外，我们还负责从仓库里面添加各种食材和烤面包，后厨房里面整天弥漫着面包坯子特有的酸味，四小时打工下来进出厨房几次，打工服上面就全是一股酸臭味。每次打工结束回家路上我都觉得自己非常对不住身边经过的路人，更怕碰到熟人还要站下来聊几句，他们一定觉得我身上的味道难闻死了。打工结束后很长一段时间提起 Subway，鼻子里就会反射出来那股酸臭味，然后食欲全无。

在 Subway 打工比在自助餐厅还要忙，大家实行流水线制。高峰时段一个人负责切面包，一个人负责所有肉制品，一个人负责蔬菜，一个人负责洒酱和包裹，最后一个人负责打饮料和收钱，四小时每个人都机械地从头忙到尾连喘口气的时间都没有，偶尔喝口水也只能蹲在柜台后面，然后把水杯藏在柜台下面的地上。工作的辛苦还不是很难的事情，只是刚刚去的时候语言很成问题，光是几种面包、几种肉制品还有各种蔬菜和酱的名字就足够我背好几天的。每天都胆战心惊地生怕听错了放错了，然后听懂了还要反映一下才抓对东西，好在很快就熟悉起来，每一种三明治的配料都不用再看配料表了。

最有意思的是妈妈在我到了波士顿三个月之后便过来看我，那个时候的波士顿已经进入了冬天，外面开始飘雪了。我在Subway打工，妈妈就坐在小店的桌子边看着我干活。我是忙起来就头也不抬，别说没顾上倒杯水给她，就连她坐在那里干什么都没顾上看。没过一会儿，忽然听到妈妈在说话，和一个外国老头。妈妈基本不会英文，只会蹦几个单词，然后我听到了"daughter"这个词，赶紧跑过去问，结果才知道妈妈坐在那什么也不做，只是目不转睛地盯着看我打工，然后这位学校里的教授以为妈妈是买不起三明治眼巴巴地看着，于是好心地过来问要不要他买一个三明治送给她，听得我真是哭笑不得。

校友办公室工作札记

在学校的第二个学期开始，我经朋友帮助在学校的校友办公室找到一份研究生助理的工作。虽然每小时的工资没变但是升级成坐办公室的白领了，不用在餐厅拼体力了，于是就把餐厅的工作辞了，顺便自我调侃地说："生活果然是可以慢慢好起来的。"

校友办公室的主要工作顾名思义就是联络已经毕业的校友，主要任务就是积极鼓励校友们（当然是已经发家致富了的）给母校捐款。这一筹款方式在美国众多高校集资上都占很高比重，越是好学校校友捐款和投资越多。当然这从某种意义上讲也是因为越是好学校毕业的人找的工作越好，发展也越顺利。

我协助的同事所在部门负责组织校友活动，算是很有意思的一个部门，很像本科时候的学生社团。绝大多数毕业的校友都很好，邮件联络都回复很快也很积极。翻翻校友资料发现很多人都发展得相当好，但是联络的时候丝毫没有架子，也让你感受不到他们和普通人有什么区别。慢慢地发现我所就读的学校虽然不是什么常青藤学校，和近在河对岸的哈佛、麻省理工完全没法比，但学校人脉不错，所以绝大多数校友毕业后发展还很不错，我原本对毕业后就业发展非常不乐观，现在在态度上也多少有一些改变。

校友办公室的工作氛围非常轻松和融洽，同事们多数都是刚刚毕业不久的学生，几个高层是年纪较长的，可能因为长期工作比较悠闲，脾气都很好，说话慢慢悠悠的，似乎从来也没有什么急事。

在这里做了大半年时间，随着毕业我自己的身份也从学生变成了校友。毕业以后经常能收到校友办公室发来的邮件，每次都会笑笑，然后想这不知道又是哪个打工仔在兢兢业业地做着这些事情，然后再想想自己当年坐在那间办公室，每天盼着能收到校友回信的心情，也就不论多忙都会抽空回一封邮件。不知道后辈看到我的校友资料是觉得羡慕还是悲哀，对自己的未来更加自信还是更加悲观。总之，当年翻看前辈们的资料的时候，我的心里总会憧憬着有一天后辈们翻着我的资料也会有同样的心情，希望今天的我正在朝着那个方向前进。

波士顿室内乐团小试牛刀

波士顿是一座充满艺术气息的城市,灵性、活跃但又不浮躁的个性孕育了大大小小数不清的艺术机构。从表演艺术到视觉艺术,从乐团、舞蹈团到博物馆、画廊,大到赫赫有名可以和纽约的"大都会"媲美的艺术博物馆、全美五大交响乐团之一的波士顿交响乐团以及和美国国家芭蕾舞团齐名的波士顿芭蕾、全美历史最悠久的音乐节之一的探戈坞音乐节,小到只有几平方米房间大的画廊或者只有一个工作人员的演出机构。

对于我这个专业的人来说,这些大大小小的艺术机构就是毕业后的饭碗,行业的兴衰和它们在行业里的起起伏伏直接关系着我们以后的生存问题。每天报纸新闻上类似国家艺术基金会今年预算是多少、各州艺术投资预算涨幅,或者哪个博物馆投资赚了多少钱之类的信息,都吸引着每一个系里人的注意力。诸如波士顿交响乐团、波士顿芭蕾等这些一流艺术机构无疑是每一个人梦想的雇主,但对于我这种没有什么工作经验的初来乍到的外国学生,这些大艺术机构几乎是可望而不可求。常常感觉这些闪闪发光的名字只会出现在讲义上,而自己实习找工作的时候想也不敢想。我觉得还是脚踏实地从踮踮脚可以够到的地方开始,一步步积累经验来得更可行。

可就算要求已经降到很低,机会还是总和我们躲躲闪闪,即使是找个不拿工资白干活的实习,也是简历投出去多数石沉大海。还有过一次最有趣的经历，当时投了一份波士顿青年交响乐团做行政管理的简历，里面提到自己十几年学习竖琴的经历，没想到一个多星期以后收到乐团艺术总监的邮件，问我可否带着琴去面试做演员，看着邮件真是哭笑不得。虽说学了十几年的竖琴，到了美国就再没摸过琴，更何况连琴都没有，只能拿"人家还是仔细看了我的简历"聊以自慰。屡屡没有消息的海投简历的经历让每一个希望尽快找到实习机会的人都士气大减。这里面多数都是外国留学生，当地的学生多是有一份全职工作，然后利用业余时间来充电的，所以不存在实习找工作的烦恼。我觉得美国这片土地还是不容易扎下来，从还没毕业找实习机会就开始给我们颜色看，更不敢想毕业以后找工作、解决工作签证等一系列美国学生压根不用考虑的问题。直到这个时候，我才忽然体会到那些外地学生毕业后在北京打拼希望找个稳定工作、能解决北京户口的迫切心情，而这些都是出国前作为一个身在北京的北京人从来没有意识到的问题。

老天还是挺青睐我的。我在研究生班里有个台湾同学，是视觉艺术方向的，她在波士顿认识一个早我们十几年在同一个专业学习的台湾大师兄，毕业后一直在当地一个室内乐团工作，现在已经做到执行总监，经介绍我得到了在这个叫作"波士顿室内乐团"的机构实习的机会。上班后才知道这个机构是一个小型室内乐团，仅由不到十个艺术家组成，行政工作人员只有两个，每个月只搞一场音乐会。原行政总监退休了，我的大师兄就成了这里唯一的全职工作人员，我是唯

——一个实习生。不过这样的机会对于实习生来讲反而很好，因为可以接触到大大小小所有的事情，比在大机构分工细致的某一个部门实习能学习到的东西要全面得多。从实习的第一天起，我便开始接触全部业务，从策划演出、管理艺术家、现场组织音乐会到联络注册观众、筹款、组织投资人活动、财务管理等。到了真正的机构开始工作才慢慢理解为什么这个专业那么看重工作经验，为什么绝大多数美国学生都是一边工作一边学习，因为只有这样你才更清楚从课堂上学什么，哪些是你最需要的，哪些是最有用的。像我们这样一毕业就出来，与市场实际情况完全脱轨，就好像蒙着双眼去感知这个世界，没有任何目的性和针对性。

开始工作了，我才慢慢感觉自己算是这个专业和这个行业的人了，逐渐理解了课堂上提到的点点滴滴。我的老板，也是我的大师兄几乎是手把手地把日常工作教给了我。

第一次现场音乐会我无比紧张，总是担心哪个环节会出现问题，毕竟做管理要事无巨细，什么都要想到。结果还是出现了意料之外的突发情况：负责给钢琴演员翻谱的人临时有事不能到现场，替补翻谱的也找不到。演出就要开始了，哈佛大学的桑德斯剧场里，现场有上千名观众。老板冷静地对我说：你可以吗？听了这话我先是愣了一下，但是又觉得没有别的办法了，只能硬着头皮上了。于是我的第一次翻谱经历就这样奉献给了这场音乐会，在从来没有排练过、更没有和钢琴家合作过的前提下，靠着数小节和自己那断断续续几年学习钢琴的基础圆满完成了两小时音乐会的任务。

第一次组织年度筹款宴会是在乐团一个重要赞助人的家里，他家有个天台很高的小型音乐厅，可以容纳五六十人，露天花园里是鸡尾酒会和午宴。看着自己一段时间以来一个个电话一封封邮件最终变成了现实——在一个阳光灿烂的午后，和风伴着春天绽放的各种野花，嘉宾们盛装出席，相互谈论着乐团的发展——我的心里充满了满足感。这些当地的有钱人都是很多年来一直支持乐团的人，每年捐一大笔钱出来，乐团的生存基本也就是靠这些人的捐助。

在这里还有很多个第一次，第一次做账，第一次写音乐会节目册，等等。几个月的实习经历很是充实，几乎行业里的方方面面都接触到了。随着毕业季的来临我也不得不离开这个算是真正把我带进专业领域的机构。当然走之前我做的一件事情就是把系里下一届的小学妹介绍到这里，毕竟对这里有了感情，希望找一个值得信赖的人能和我一样为这个机构做些事情，另一方面我也永远都不会忘记自己是怎么来到这里实习的。事后想想，一个本身不大的行业，靠着这种最淳朴的方式一代代血脉相传，也是一种挺让人感动的闪光点，更是一个行业美好的地方。

中国，生日快乐

2009 年 10 月 1 日，出国第二个年头了，却是第一次对祖国如此思念,第一次对自己是中国人这一身份感到如此自豪。这一点也不夸张,或许奥运会第一次让80后中国人感到骄傲和自豪。但那时候无形的压力和在兴奋与期待中度过的每一天让我没有闲暇去感受这种骄傲和自豪,而且身处北京也让我感受不到思念。今天不同,网络直播顺畅得没有一丝滞后,画面上湛蓝的天空让在纽约刚刚下班路上冻得直打哆嗦的我顿时感到温暖,画面中的一切都再熟悉不过,那里是生我养我二十多年的地方,每一个角落都散发着熟悉的味道。一切的一切,热闹、欢腾、喜气,统统发生在千里之外,那是我的祖国,那是我们的家。而此时此刻包围着我的,还是陌生与寂寞,以及已经入冬了的纽约那窗外呼呼作响的风、隔壁吠吠的狗叫,还有楼下呼啸而过的轻轨列车。

从没有觉得中央电视台"CCTV"台标如此亲切,连之前插播的广告都是思念的味道。听着近在咫尺的寂寞,感受着千里之外的熟稔,这是今晚,北京时间2009年10月1日,我的真实写照。

观看网络直播是今晚的必修课,是每一个海外游子今晚的特别节目,更是每一个国人共同的庆祝方式。距离熟悉的长安街不远的地方就是我的家,那里对于我,不仅仅是一个地址,而且是一份永远摆脱不了的牵挂。

熟悉的国家领导人穿着中山装站在天安门城楼上威严又亲切;

耳熟能详的再熟悉不过的欢快又隆重的音乐,加上坚实而有力的

踢正步的声音,更平添了几分思念;

还有熟悉的军礼满满的庄严——寄托着九百六十万平方公里土地上十三亿公民的信任和期望,熟悉的上千人的军乐团,阳光下金光闪闪的乐器,就连指挥的动作都那么熟悉;

熟悉的游行队伍,十年前自己也在其中,如今已经忘记了自己的位置和编号,但家中抽屉里仍保留着当年的胸牌。据说现今的方阵里仍有"实验"学生们的身影,还有北大的学子们。熟悉的动作,十年时间不短,但忘却不了曾经为了每一个动作流下的汗水和付出的辛苦。

我看到MSN上的上海好友用各种语言表达着同样的心情,我还看到校内好友整齐划一的祝福签名档,红红的红旗图标布满了页面。上一次感受到铺天盖地的祝福大概是奥运的时候,时隔一年,让人感动的画面再次呈现。

十年前在游行队伍中亲历盛典,十年后在异国他乡遥望盛典。这是今晚,我亲眼看到的、感受到的时间的流逝。

六十年一甲子,中国属牛,天枰座,本命年要好好庆祝。每个人身在不同角落都有自己的庆祝方式。海外游子们的方式很简单,也很真诚。聚在一起做一餐丰盛的晚饭,早点下班回家看直播,朴实得没有一点粉饰,游子们所能做到的就是搭建起自己的"观礼台",以一个中华人民共和国公民的身份远隔万里见证这一历史时刻。

而我,一边和妈妈视频聊天看着她熟悉的脸,一边看祖国妈妈生日庆典的网络直播。这是今晚,我的特殊节目。

直播以熟悉的《红旗颂》旋律开场，曾经不知道多少次和乐队亲自奏响的旋律而今听来承载着太多的回忆和想念。家是什么，国是什么？每每都在问自己，这一次终于明白：那是一条无形的纽带，一头连着牵挂和祝福，另一头是自己。

来到异国他乡，每天出门抬头望见的再也不是迎着风飘扬的五星红旗，停留片刻看到的是难以名状的孤独和害怕。于是在《梦在金秋》晚会上，火红的舞台灯映照下全场唱起"Happy Birthday, Dear China"的时候那么踏实。那一刻林肯中心上千人的玫瑰厅里面满满的都是传承着一族血脉的中国人，那一刻心中升起的是五星红旗。

哪一个海外游子不想家？只是为了不敢想而轻易不去想。可每逢佳节，确实不由自主地倍加思念亲人。

升国旗，唱国歌！来到美国一年多再也没有听到过如此振奋人心的口令，这一次在自己家里，不自觉地起立，看着五星红旗冉冉升起，心中每天升起的都是这面五星红旗。

阅兵，喊口号！这是怎样的一种响彻云霄可以穿越时空的呐喊，喊出了一个国家的气魄，喊出了一个民族的脊梁。我知道这个声音来自祖国，尽管是在千里之外。

最后，作为一个来到异国他乡仅仅一年多的游子，白天在公司也深深感受到了外国人对祖国的关注。从工作性质来讲，我和我的同事们工作所服务的对象是中国人。我曾算过，组里从老板到我这个实习生，没一个是美国人，她们是法国人、印度人、俄罗斯人，还有我这个中国人,国际化的小组,专业化的工作团队,服务对象却是个中国人。尽管我和别人不同之处在于他们都是美国国籍,只有我还拿着中国护照,尽管这个非美国身份给我的就业造成很大麻烦增加了无数阻碍,但从来没有想到过要改变这个事实,尤其在加盟了这个为中国人服务的队伍后,看着听着同事们悉心搜索着一切关于中国的信息,分析着中国的点点滴滴,心里总是很自豪。今天公司的业务有些停滞,因为国内在放八天的国庆假,同事们言语中带着无奈却更多是尊重和服从,甚至有同事郑重地对我说"Happy Birthday, China",那是一种没法用语言表达的骄傲。

无论哪一天在哪一个角落,我们都是祖国播撒出去的种子,目的不是扎根海外,而是终有一天回报祖国。

每逢佳节倍思亲

出门在外,最思念的就是家。在离家上万里远的地方,你可以住很好的房子过很好的生活,有很多朋友,每天白天有忙碌的工作,晚上有丰富多彩的活动,但一旦回到住处,关上门,打开灯,房间里只有自己的时候,最深的感受就是这并不是家,有亲人的地方才是家。有句话说"金窝银窝,不如自己的草窝",出国前从来不曾体会,出来后感触越来越深刻。时常怀念在北京住在家里的时候,回家懒得开门只要按下门铃就有父母开门的那种幸福,哪怕只是进门以后习惯性地喊一声"我回来了",爸妈就会跑出来问这问那。那个时候经常觉得烦,说不了几句就躲进自己房间图清静去了;现在房间里只有自己,清静得有时候让人觉得可怕。我习惯了不管做什么都开着电脑放着音乐,仿佛只有弄出点动静来我才不会觉得这个世界上只有我一个人。

出国后爸妈总会在电话里问我想不想家,我是个嘴硬的人,从来都没说想过。但其实父母是最了解我的人,他们知道其实我是想的,尤其在逢年过节的时候。出国以后,节日对于我们已经不再重要,重要的是它是个大家聚在一起热闹的理由,更是提醒每个人给家里打个电话问候一下的理由。虽说家和亲情这条纽带是不分节日不分地点、随时随地把我们联系着的,但心里每每都觉得节日那天打上一个电话,听到家人的声音,是那么重要那么欣慰。于是我学得非常会计算时差,会猜测家人在什么时候聚会什么时候最热闹,打去一个电话可以和所有亲人们说上几句。

2009年过春节的时候妈妈正在波士顿探亲,当时学校已经开学,但翘了一周课带老妈到夏威夷玩了一圈,所以也没有怎么感觉到一个人过春节的凄凉。到了2010年春节,已经开始工作的我还在实习期,不敢随便请假,每天除了努力工作还是努力工作,虽是第二个在美国的春节,却是第一年一个人,感觉和以往的每一年都大不相同。

前一天晚上手机就开始陆陆续续响起拜年的短信,这是每一年都很熟悉的,今年却变得特别期待。在国内的时候曾经反感各种群发短信,现在的我反而非常期待每一次手机响起的声音,读着各种或调侃或温情的短信，似乎能让我稍稍忘记自己是一个人。第二天是周末，但睡下之前还是专门把闹钟调到六点，为了能给国内吃年夜饭的家人朋友们打电话拜年，还能看春晚，似乎叫"春早"还更贴切一些。

第二天六点多起来第一件事情就是把电脑打开，MSN一上线就蹦出来十几条国内朋友拜年的留言，新消息的声音此起彼伏地响起来，一个个熟悉的头像在屏幕上跳出来的时候，感觉小小的电脑承载的就是我的整个世界，尤其在这个特殊的日子里。和家里接通了视频，屏幕上老少三代轮换着出现在屏幕上和我讲话，还有宠物狗在一边跑来跑去不时地跳上屏幕露个脸，整整一家人，只有我一个人躲在屏幕的这一边。看着家人忙里忙外地从厨房端出来各种饭菜和饺子，满满一桌子年夜饭，而这一边的房间里面空空的，冰箱里面有一些蔬菜水果和牛奶鸡蛋，和平时没什么两样，还不知道早餐要吃些什么，心里想着还好晚上住在周围的留学生朋友们约在一起过年，到时候估计会热闹一些。

春晚就要开始的时候忽然发现MSN上美国这边的朋友齐刷刷都上线了，原来大家的心情都是一样的，虽然一年年的春晚被大家无一例外地批评得体无完肤，可大家都还津津乐道地看，看完之后津津乐道地批评。一直以来，我也是个热衷于凑热闹跟着一起讨论这个好那个不好的人，现在对我来说什么节目都已经不重要，谁来演、演什么都无所谓，只要它是春晚，可以带给我们一些过节的气氛；主持人是谁不重要，说什么也不重要，只要听到那句"祝所有海外华人留学生们春节快乐"，心里就暖得不得了，自恋地认为遥远的祖国并没有把我们忘了。从小到大看了二十多年春晚，从来没特别注意过这句话，直到自己变成了这其中的一分子，才去一个字一个字地体会这其中的含义。纽约的冬天总是下雪，窗外的寒风、冷酷的景象和屋里我把电脑声音开到最大拼命营造出来的过年气氛是那么地格格不入，我还是固执地把自己强行淹没在春节的氛围中。

春晚上有蓝天幼儿艺术团的表演，让我想起自己小时候，二十年前自己在舞台上蹦蹦跳跳的时候一定没想到二十年后的这一天，我是那么羡慕地看着这些孩子们。快到中午的时候收到公司老板祝贺新年的短信，让我十分惊讶，不无感动地告诉自己越来越多外国人都记得中国新年了。快到傍晚的时候，我早就等不及跑到朋友家参加聚会了，大家一起动手包了千奇百怪各种形象的饺子，煮出来似乎也能吃到家里的味道。透过刚出锅的饺子升腾起的热气，我看到每个人的眼睛里都有类似的感触。聚会的时候，电脑上放的是重播的春晚。

又毕业了

距离穿上北大那身学士服一年以后，我再一次穿上了波士顿大学纯红色的学士服，从系主任手上接过那份又重又轻的学位证书。

短短十个月，随着硕士阶段最后一个期末演讲在掌声中结束，我的硕士就这么念完了。在 5 月份，一年项目的同学们在感慨不到一年又毕业的时候自己还没有感觉，现在是 6 月，忽然反应过来，原来我也毕业了。

课程结束后，在校园内的一家小餐厅，一个小组来自四个国家的五个人畅聊了一晚上，整个餐厅就我们最热闹。来自意大利的基娅拉说我们用十个月搞定了两年的项目，是史上最快的速度，带着满脸的兴奋和自豪。她已经在波士顿青年交响乐团找到了工作，波多黎各人卡米列也即将到华盛顿的一个剧院开始正式工作，美国人艾莉森结婚了，要和老公搬去西部生活。

这个项目不大，所有学生加起来不过几十个人。系办公室很小，基本上就只有系主任、副系主任和秘书三个人，其他教授都是兼职的，一个个带着从业者的职业气质却很少能感受到学术味道，这很适合我。一年来的经历很有收获，每门课的小组都遇到了很好的同伴，也因此交到不少朋友，尤其是带着对国际学生的包容和对中国文化的好奇与向往的美国本土学生。虽然课余时间都有工作和实习，交流不多，但一年下来逐渐成了无话不说的好朋友，工作里也是很好的合作伙伴。

作为一个外国学生，这一年首先让我感受到的是外国学生在文理科方面的差距：亚洲学生尤其中国学生在理科院系里面几乎统统都是全 A 学生，而且拿得似乎很容易；混在文科院系的就完全不同，刚开始是听不懂、看得慢、讨论插不上嘴，赶鸭子上架一样学了一年下来，操着半生不熟的英文写着半生不熟的论文，饱受语言和文化差异的折磨。还记得开学第一篇论文被导师一批再批甚至和我辩论让我重写了无数次，最后还是拿不到 A。上个学期，成绩单上终于出现了 A 的时候，大概理科生们没有办法理解我的兴奋。

其次，作为一个一点都不学术的我学习非学术专业，另一个感受是这种学科其实不是在课堂里学出来的，而是在工作中练出来的。大概很多很多专业都是这样，纵然在课堂上学得理论再多都是纸上谈兵，实际情况千差万别，甚至每一个情况都是新的，完美的处理基本都是靠经验累积出来的。大概也正是因此，系里统统安排晚上上课，大家白天从事于各个艺术机构的实习或者工作，晚上坐在一起讨论工作里的问题。

再其次，作为一个即将开始业内工作的人，我感觉自己真的很幸运。即使从开始申请到最后的入学，甚至到今天，很多人包括我的父母、我父母的朋友、自己身边的人，都对我的选择不满意，或者不理解，但我坚持自己的选择。一方面因为对行业的信心，另一方面很大的决定因素是兴趣。不管这种热情从何而来去向何处，尽管曾经那么绝望，我从来都不后悔在专业上做出的选择。

而自己的幸运是从申请之前就开始降临的：背景完全不相关的我因为偶然的机会进了音乐节，从此开始了解这个行业也开始慢慢喜欢这个行业；在申请全过程中得到了从同学到老师，包括很多业内人士，还有好多本不熟悉的人的支持和帮助；申请实习的时候，很偶然地遇到给了我很多机会的人；最后在我还没来得及考虑工作申请的时候，又被幸运狠狠地撞了一下。虽然工作到现在还没有尘埃落定，烦恼和折腾不比工作没有着落成天还在为实习着急的人来得少，但这种一波三折带给我的起起伏伏总还是让我心里觉得踏实。

第一学期刚来的时候，对于一切失望透顶，因为落差太大，一切都和即将到来的漫长的冬季一样昏暗：没有赶上申请学校的行政工作，就在餐厅里打工。原以为洗盘洗碗都是《北京人在纽约》那个年代电视剧里面留学生的生活了，从没想过自己也有迫于生活系上围裙戴上束发帽拿起厨勺的这一天。从自助食堂给人盛面条、切烤鸡、烤比萨到快餐店给人做三明治，把生活彻底体验了一回。学习上也是同样的感觉，懵懵懂懂地把四门课磕磕绊绊地生扛下来。到了第二学期就好得多，拿到了两份办公室的工作，从此与餐厅和发酸发臭的面包发酵的味道说了再见。实习也很顺利，虽然是个不大的机构但是全面接触工作，直接跟着执行总监学各种课上学不到的东西。学习上也渐入佳境，觉得一切都在掌控之中了，从容和淡定也慢慢绕了一圈回来找我。不过与此同时我也回到了本科时代明天交论文今天才动笔的状态，在这种情形下也惊喜地发现即使换一种语言，照样可以在一个晚上搞定十几页。

此时此刻还有一周就回国了，每一天的日程都是满的。一个月以后回来的时候大概就要去纽约工作了，忽然想起来巴士每次在进入纽约曼哈顿的时候司机会放的一首爵士乐叫《纽约·纽约》，最早是在银帆乐团演出时候知道的这首曲子，却一直没有特别喜欢，直到前一阵凌晨去纽约，进入市区后，早上的阳光从双层巴士的窗户射进来，音响里传出这首曲子的时候，才立即喜欢上它。歌词有一句"wake up in a city never sleep"，没错，纽约就是这样一个地方，我也承认它脏乱差，可有谁会质疑它的激情和包容呢？

今年的北京国际音乐节的发布会已经举行，时间过得真快，两年前的每一天还历历在目，而今却已经渐行渐远。不管每届音乐节有着什么变化，"音乐节"三个字在我心目中丝毫没有变。范·克莱本（Van Cliburn）和加里·格拉夫曼（Gray Graffman）今年都要去演出，对它的运作道理越来越明晰甚至可以把自己学到的东西用来分析它的哲学的时候，却连做个观众的机会都没有了，我觉得有些遗憾。

一年一年又一年，周而复始，却不是一个首尾相接的圆，因为我们已经走远，再也回不到从前。

第七章 梦已展开

  对于事业，我一直都有一个梦想，就是可以和自己的兴趣爱好结合起来。于是我很清楚自己想要做的是什么，于是也一直都在努力着：换专业，出国。面对质疑，面对异议，我是幸运的。在自己就快要走投无路知难而退的时候，有人助我一臂之力帮我走上了更加靠近梦想的道路——毕业短短几个月之后就在美国最大的一家艺术家经纪公司找到了一份工作，成为了这家公司的第一位中国员工，负责和中国相关的业务，和公司旗下当今国际上最有名的中国艺术家一起工作，更幸运的是在我为公司供职的四年期间，公司的对中业务蒸蒸日上。至今我还不知道在这条路上我会走多久、会走到哪里，但我所享受的是实现梦想的过程和在实现梦想道路上的点点滴滴，结果对于我来说，似乎在踏上征程那一刻起就已经不再重要。

归巢

出国前作为奥运志愿者，我的最后一站是鸟巢；出国一年毕业后回国休假的第一站，还是鸟巢，这次是作为《魅力中国》大型演出的志愿者。暂别了一年，从体育赛事到音乐会，我还是我，一样的热情一样的令人期待，我把这段经历亲切地叫作"归巢"。

我回国的时候距离这场音乐会开幕只有几天的时间了，我能参与的也只是一些现场的工作。时隔一年又回到了熟悉的演出场地，重新做着曾经熟悉的工作，不同的是，经过一年的学习和实习，了解了很多西方演出市场的运作、理念等，也经历了一些美国当地演出策划和现场协调的实战演练，我不再觉得自己是个孩子，在做每一件事情甚至看到听到一件事情的时候，会多花一些心思来思考。虽然课堂上和实际当中有很大的差别，中国和美国更有很大的不同，但至少我不再觉得自己只是在按照别人的指示做事情，至少我知道我做每一件事情是为了什么。

我觉得自己是天生做这个行业的人，因为一到演出现场我就会变得兴奋，舞台和后台的一切都让我充满激情，每次演出结束回到家都会累到瘫倒，但在演出现场一分钟没结束，我就会多一分钟保持完满的激情。

这场《魅力中国》更是把我的兴奋点带到了一个新的高度：第一次参与体育场的演出，演员阵容强大，包括郎朗、宋祖英、周杰伦和多明戈；第一次见到搭起舞台后鸟巢的样子，完全变了模样；第一次见到宋祖英，她竟幽默地让郎朗管她叫阿姨；第一次见到周杰伦，在多明戈面前竟然害羞得不敢讲话；在出国一年之后第一次回到北京竟然把行李放到家里就搬到了工作人员酒店，一住就是一个星期，被父母不满意地抱怨，说我"三过家门而不入"。这些都是事后不时被拿出来当笑话讲的小花絮，但在当时我确实觉得自己是在用心做一件大事，是我以后即将从事的事业，是我梦想的、一直为之努力的也在一步步靠近的事业。随着演出拉开序幕，舞台上灯光四射，乐队奏响雄伟的开场曲，我站在后台口，感觉那响起的就是我事业的号角。

触摸梦想

我和享誉世界的中国钢琴家郎朗有幸在 2006 年认识并成为朋友，还在中国上大学期间就志愿参与了一些他的音乐会的组织和宣传工作，出国留学选择艺术管理这个专业也得到了他的大力支持，更幸运的是在我研究生即将毕业的时候，他所签约的美国最大的、历史最悠久的一家演艺经纪公司正好需要一名实习生，经过郎朗的推荐，我顺利通过面试进入公司，并在随后的一年内等到了一个空缺的职位，顺利成为公司的正式员工，主要负责公司旗下几位中国艺术家在海外的经纪事务，还有公司与在华机构之间的项目制作。上学的时候就多次听到这家公司响亮的名字，但身边的学长们屡屡告诉我这样的大牌公司很难进，连实习生门槛都很高，尤其对于外国学生，文化背景不同，语言不过关，还没有身份，这种公司想都不要想，于是我确实没想过。但命运就在这种不经意间让我走进了这个想都不敢想的公司，从第一份正式工作起就站在了这个行业的最前沿。

四年时间一晃而过，起初只是协助老板做一些艺术家的事务管理工作，从最基本的安排每日行程、和主办方协调后勤工作等，慢慢地开始向演出方推出自己的艺术家，并和他们商谈演出细节，商谈价格，再到后来开始跟着同事做项目。面试的时候老板给我扫盲，讲经纪公司的三大职责即管理、经纪、项目，我都接触到了。针对艺术家一对一工作，我很幸运。与世界知名的明星一起工作，时常体会到各种紧张状况的过瘾和刺激，但最能带给我满足感的是四年中做过的一个接一个的项目，每一个都不同，每一个背后我都能如数家珍地讲述一路走来从策划到最后成功举办的故事，刺激的、感人的、揪心的、惊喜的。大概这就是做制作人最大的魅力吧，就像我经常和同事们开玩笑说的：你永远不知道一个项目完成之前会发生什么状况，但你能肯定的是，一定会有一些状况发生。每一次都不同，而每处理一次状况，你的经验都丰富一次，羽翼就更丰满一些。从跟着老板到自己主导项目，一步步摸索着学习着，一边积累经验一边接受新的挑战，加上艺术家们每天的演出和日常工作的协调安排，工作一天比一天紧张，压力也一天比一天大，不过觉得自己所看到的世界也一天比一天广阔，遇到问题也一天比一天从容。这个行业最吸引我的地方就在于每天做的事情都不同，每一个项目都是独一无二的，每天开始的时候都有很多事情无法预知，虽然说这种不可预见性让我的工作平添很多让人无奈的地方，比如说每天都不知道几点可以下班，下班也不知道会有什么突发状况，但这种新鲜感从来不会让人觉得无聊和厌倦，每一个新的项目都让人期待。

3·21 海地慈善音乐会

我进入公司后，是从项目助理和艺术家事务协调同时开始做起的。项目方面我的直接老板是位俄罗斯裔的女士，本科教育背景和我一样，也是学国际关系的，毕业后在欧洲留学接触到这个行业，毕业后便来到美国从事这个行业，年龄比我大近十岁，行业经验也相应比我多十年。她的性格属于典型的俄罗斯人，很强势，说一不二干脆利索，但做事情非常有条理。我在这四年跟着她大大小小的项目做下来，从最开始的打杂到协调直到现在自己也成了制作人之一，学到了很多东西。

2010年3月的卡内基慈善音乐会是我真正从头到尾跟的第一个项目，可以算是我在公司项目制作人职业生涯的一个开篇序曲。机会来得很偶然。起初我们只是为德国石荷州音乐节[1]的交响乐团组织一场为期两个星期的美国巡演，巡演的第一炮总是在纽约打响。对于这支久负盛名的青年交响乐团，我们把巡演开幕音乐会安排在卡内基音乐厅，由郎朗担任钢琴独奏，埃森巴赫亲自指挥。正在巡演如火如荼地筹备过程中，2010年1月12日海地发生了7.3级大地震，经济状况本来就很糟糕的国家无疑遭受到又一重创，对于社会上的突发事件我们这个行业的反应没有新闻界、政界甚至商界那么快，更谈不上什么立竿见影的帮助，但作为联合国儿童基金会的亲善大使，郎朗还是在第一时间强烈表示要为地震灾区的孩子们做点什么[2]。经过和联合国儿童基金会协商，我们决定把3月21日的音乐会策划成一场慈善音乐会，所有演出收入全部通过联合国儿基会捐给地震灾区，想法一提出很快就得到了乐团和埃森巴赫的强烈支持，同时他们也决定把自己那部分演出所得也捐给灾区。

距离演出还有不到一周的时候，我们例行公事举行所有市场宣传的集中电话会议，大家七七八八把最新进展和下一步工作都过了一遍以后，我们的中文宣传负责人与大家分享了一个消息，所有人都被感

1　石荷州音乐节是德国历史最悠久也是最有影响力的古典音乐节之一，由指挥大师钢琴家克里斯托弗·埃森巴赫（Christoph Eschenbach）发起，受众是青年音乐家。郎朗早在成名初期便开始与这个音乐节合作。

2　海地是联合国儿童基金会重点资助的地区和国家之一。

动了：中国城一个老年中心的一群近百岁老人从中文报纸上看到我们举办慈善音乐会的消息后，发起了敬老院内的捐款活动，筹集了五千美元善款，执意要交给郎朗，通过郎朗捐给灾区，因为郎朗是他们心目中非常信任的人，交给他最放心。最终3月21日的音乐会当晚，两名百岁老人在卡内基的舞台上亲手将支票交给郎朗和联合国儿基会，虽然这笔钱的数目远比不上大额的企业赞助，但比任何赞助都来得让人感动。

音乐会圆满结束，并得到了社会各界和媒体的关注，作为幕后策划者的我第一次体会到一种说不出的喜悦和成就感。曾经在项目策划过程中无数次向往项目结束，真的等到项目结束的时候心里却空荡荡的，好像今晚睡下去明天一早睁开眼都不知道要去做什么，那种繁华散尽燕飞去的凄凉让我在嘉宾们离开之后望着空荡荡的后台久久也不想离去。

然而谁也没有想到的是，义演过后的第二天，《纽约时报》一篇文章在艺术版头版刊登出来，并不是如我们预期的那样报道演出盛况或者筹款的成果，而是说我们在项目运作中以筹款为名为公司牟利，并没有真正如宣传和承诺的那样，将所有收入全部捐给灾区。本来一早大家都兴冲冲地到办公室和我以及我的俄罗斯同事兴奋地分享前一天晚上的各种故事，然后充满期待地翻看报纸，却看到这样一篇文章，大家沉默了很久。仔细把文章读了几遍之后发现，写文章的记者是从项目刚开始公开宣传的时候就悄悄跟踪我们的一举一动，并且通过各种渠道打听到我们的项目预算、花费等各种信息，但最终得出他自认为正确的结论是因为信息了解的不全面。经纪公司一向对于针对艺术家的危机公关做得十分专业和在行，但诸如此类针对公司本身的危机却是第一次面对，大概也是我和俄罗斯同事自己做节目筹划以来第一次碰到的危机吧。好在为了配合项目宣传我们自己的团队也有公关公司，针对报道中的不属实部分立刻做出回应，主动找到写文章的记者，把我们的账目一五一十公布给他，两天以后又有一篇篇幅更大的报道出现在《纽约时报》同样醒目的位置，除了公布账目、澄清事实外，还公开做了道歉。至此这个项目才算画上了一个圆满的句号。突如其来的危机让大家陷入暂时的紧张和慌乱之中，危机公关的结果却反而加大了宣传效果，引起了更多的社会关注度。作为一个刚刚入行的职业人，我通过此事也深深感受到每天在做的点点滴滴都是被人看在眼里的，美国媒体对于类似事件的敏感度和关注度也让我觉得自己身上的担子很重。这种完全公开透明的运作也说明了整个行业的成熟和规范，这一点让我对自己从事的行业更加充满了热爱和信任。

一路向西

2011年是我工作的第二个年头，新年伊始的时候，我和朋友在波多黎各旅行，被美东一场铺天盖地的暴风雪阻隔在圣胡安，那其实是一种幸运，起码那是一个温暖的地方。闲来无事在阳光下懒洋洋地写下新年愿望，第一条就是希望能有出差的机会。出差是一种旅行，走一走看一看想一想，这本是人生最大的收获。这是同行旅伴给我的启发，她说：去旅行吧，很多事情只有亲身经历了才真正是你自己的。愿望写下之后的一个星期，我被公司派去跟随艺术家到西部巡演两个星期。

为期十二天七座城市九场音乐会的巡演是工作以来的第一次差旅，既有期待也有压力。一向我都有一种无知者无畏式的对于未知跃跃欲试的劲头，这一次却真的有些害怕，毕竟工作上要保证万无一失，而我完全不知道上路以后会是什么样子。临行前刚刚结束在《纽约时报》的一个现场活动，老板送我们上车前往机场，出发前老板趴在车窗前一再叮嘱我注意这个注意那个，我只顾一个劲点头，但还是不知道会发生什么，心里默默给自己打气说我应该能行。

半夜前往的第一站是亚利桑那州的图森，一路上我很精神地看着窗外，飞机飞得很低，依稀可见地面城市的灯光和远处的星星，感觉我们就在星空里穿行，觉得很美，心里顿时踏实很多。没有直达航班，飞机落在菲尼克斯，我们要驱车一小时赶往图森。晚上开车很舒服，车子可以甩开性子在高速路上跑，沿途是很独特的风景，简直就是在仙人掌里穿行。越来越密集高大的仙人掌和越来越干燥的沙漠的气息告诉我们，距离图森越来越近了，空气里有浓重的干土的味道，我们开始使劲给自己灌水。就在我们抵达的前两天，这里发生了耸人听闻的购物中心枪击事件，我们和嗅觉灵敏的媒体人一样第一时间赶到这里，这纯属巧合。

我们下榻的酒店就离枪击案发生地点仅仅几分钟路程，两天之中开车常常经过这个还被警戒线隔离起来的购物中心。

出差的主要任务是演出，除此之外就是排练和采访。上午还相对悠闲，可以享受一下这里沙漠和仙人掌丛里的阳光，慵懒地回复邮件安排着后面几天的具体行程。到了下午就要紧张地排练和准备演出了。平时都是在邮件中和电话上交流的主办方的工作人员，现在要见面了，似乎还不知道怎么和人打招呼，怯怯地躲在艺术家身后。好在见到的人都是原先躲在电脑屏幕和电话听筒后的熟悉的人，一两次下来也就练就了一身自来熟的本事，见到什么人都能马上聊起来。经过和乐团的商讨最终决定，当晚在图森的演出中加演一部作品，悼念两天前在悲剧中丧生的人。

演出的第二站是圣安东尼奥，听名字就是座有爱的城市，清新、细腻。从刚劲粗犷的图森飞抵这里，一下飞机眼前的景象就验证了我对这座城市的全部设想。我们下榻的酒店位于城中心一条穿城而过的小河边，小河让这座城市看上去宁静端庄，潺潺流水又给小城平添几分灵动。整座城市俨然一位气质少女，一副与世无争的样子。城市虽小，对于艺术的投资却令人咋舌，排练前先后会见了几个音乐会的主要出资人，非常让人荡气回肠。如此小巧精致的城市，为了筹办这场大型音乐会，发起了上百人的筹资活动，这些出资人多数都是年过花甲的老人，和年轻人一样精心打扮过一番后，颤颤巍巍相互搀扶着前来出席宴会，那种质朴和对艺术的热爱甚至让我觉得有些承受不住。

离开圣安东尼奥，我们的下一个目的地是加利福尼亚州的几座城市，包括圣迭戈、旧金山和索诺马。五年前第一次到美国，圣迭戈是我抵达的第一座城市，这一次颇有故地重游的感觉。乐队指挥和我主要经营的艺术家是多年好友，我们在这里有三场演出，还有一些为乐团筹款所举行的宴会，所以小住了几天，包括其中一天到我们的赞助商在美国的总部举办了一场企业活动。短短几天便有了家的感觉，可以暂时告别每天都乘飞机旅行的生活。在索诺马我们并没有演出，而是去参观了一座在大学校园里新建的音乐厅。独特的全木质设计让音乐厅既可以是全封闭的室内音乐厅也可以成为一个半露天的舞台，夏天可以举办户外音乐会。音乐厅还没有正式投入使用，但是 2012 年首个演出季的首场演出已经确定是这位当红艺术家的钢琴独奏音乐会，此次参观的主要目的是看看音乐厅的音响效果，以便后期最后调整。我们是在旧金山排练后驱车前往该地的，午夜整点的时候这座新落成的偌大的音乐厅里准时响起各种随意拼凑起来的音响，各种曲目混在一起，在北加州特有的夜晚雾气里，水汽凝结起来，除了钢琴发出的声音，这里出奇地安静。

从旧金山结束演出后，一反平时会见客人、和琴迷合影、参加庆功宴的常规程序，我们没有见任何人，而是匆匆换了衣服就通过一个秘密通道离开了音乐厅。所有行李都已经在车上，直接前往机场搭乘飞往华盛顿的私人飞机，这听起来有点紧张，在现场更加紧张。因为第二天奥巴马在白宫为欢迎胡锦涛主席到访美国而举行的国宴上有演出任务，郎朗是我平时主要负责经营的艺术家之一，他将是整场音乐会上唯一的中国演员。排练从一早开始，每一分钟都是我们必须争取的。

午夜时间的机场相当安静，普通航班已经没有了，我们拐进私人航班航站楼，在保安的护送下直接把行李装上飞机就登机了，我们就是全部的乘客，没有安检更没有验票。同时和我一样紧张的还有我的老板，手机上不时传来他的短信，嘱咐我抵达华盛顿后每一小时汇报一次情况。

飞机上就我们三名乘客，两个机长开飞机兼乘务员，起飞后开始供应提前安排好的夜宵，用餐完毕后帮我们每个人把座椅放平，盖上毛毯，我们三个人便都舒舒服服地睡下了。搭乘的飞机由于要跨海岸长途飞行，本可以搭乘十几人的大飞机，里面显得空荡荡的，我们每个人都可以平躺下来。看着我紧张地给老板发着短信，抓紧最后时刻回复着邮件（私人飞机不用关手机），机长对我说："抓紧时间休息吧，睡醒了咱们就到了。"

凌晨7点飞机准时降落在华盛顿，一觉醒来大家也都精力充沛地准备迎接这非同寻常的一天。其实这已经不是郎朗第一次在白宫演出，从某种层面上说，今晚的演出和每天晚上在音乐厅的演出也没什么两样，我也只是履行一个经纪公司负责人的职责，确保演出万无一失，仅此而已。但对我还有另一层意义，白宫对我这个国际关系专业毕业的学生，是一个无数次出现在课本、讲义和课堂上的名词。还记得第一次到华盛顿远远望着铁栅栏后面那栋白房子的时候，心中的白宫就是一个梦想的代名词。中美关系、美国总统、国宴等，这些都是典型的"国关"特色词汇，他们承载着"国关人"的梦想，不是全部也是一个很大、很美、很壮观的梦。几年以后，曾经多次被人调侃说是一个叛变了的"国关"学生的我，就在快要忘记自己曾经是个"国关人"的时候，竟然要以这样一种特殊的身份毫无悬念地被邀请进白宫，见到胡锦涛、奥巴马还有希拉里、拜登，这些新闻报纸上的人物。

白天原定在白宫内的排练由于舞台搭建延迟而临时改在下榻的酒店进行。排练结束后还接受了几家媒体的采访，采访地点在白宫外的一个酒店顶层，阳台上望过去就是白宫。中午副总统拜登设宴招待胡主席，国务院外是大群的留学生举着国旗欢迎胡主席来访。下午有两小时的空闲，几乎大家都可以用坐立不安来形容。终于快到进白宫的时候，虽然不用演出，我还是精心地打扮了一番。接到通知说白宫派出来接我们的车已经到酒店门口，我们下楼，被一个一看就是便衣保镖的人送上一辆连牌子都没有看清楚的车，里面各种装置怪怪的，我们不能问都是用来做什么的。一个穿着制服的女兵开车，我猜想她身上有枪，一直表情严肃一句话也不说。我们一路不受任何阻碍地开进了白宫大草坪，一道道安检都没有拦我们，到了要进入室内时我们才下车交上各自的证件通过安检门。

进入白宫后我们便被领进一个房间——专门供演员们休息、准备演出的地方，所有演员和经纪人都在那里。当晚演出的主题是最有美国音乐代表性的爵士乐，音乐会的总策划是美国爵士乐现当代教父赫比·汉考克，之前郎朗和他做过全美巡演，这一次也是他邀请郎朗出演的。其他演员也都是在美国赫赫有名的爵士音乐家，每个人都曾经屡屡出现在格莱美获奖名单上。见到我们几个中国面孔进来，认出郎朗的就和他打招呼，得知我是他经纪公司派来的负责人还会讲中文后，几个歌唱演员很快围过来，原来他们每个人都准备了一句中文，要在演出前在台上讲给胡主席，让我最后帮他们纠正发音。于是在演员休息间就出现了很有趣的一幕：所有人都在学中文。

出演的演员里只有郎朗和赫比是国宴的受邀嘉宾，所以国宴即将开始的时候我们一行三人又被带出了休息室，前往大厅等候入座。在那里我们见到了所有国宴的嘉宾，包括政界商界演艺界等各界名流，如邓文迪、成龙、马友友、关颖珊，等等。旋转楼梯左拐右拐到楼上的宴会大厅后，胡主席、奥巴马和米歇尔便出现在眼前，合影后嘉宾们便入座了。我和其他工作人员一起站在大厅门口，霎时庄重的入场音乐响起，胡主席和夫人便踏着红地毯从不到二十米远的地方迎面走来，从我眼前不到一米的地方步入宴会大厅。

国宴快要结束的时候，郎朗和赫比同时被请到后台准备演出，我在那里等候他。看得出来演出前的他既兴奋又紧张，我和他聊了几句后，估计演出快开始了便寻思着自己要找一个什么位置拍摄最佳。现场没有媒体也没有录像，所以我一手照相机一手摄像机留下的资料便是当晚唯一的影音资料。演出非常顺利，郎朗和赫比合奏了一首爵士作品后还加演了一部中国作品，在座嘉宾都很喜欢，我的几个"中文学生"在台上的中文表达也都很精彩。走下舞台后郎朗迎面走过来给我一个紧紧的拥抱，胡噜胡噜脑袋说"辛苦了"，那一刻仿佛一切才回到现实，而几分钟前仿佛是做了一场梦。一切都结束后走出白宫，车在约定的地方等我们，返程一路上三个人都好像还沉浸在一场梦里，似乎什么语言都无法表达那一刻的心情。梦醒了，这趟旅行也总算圆满地画上了句号。

旅行前我总以为公司旗下这些大艺术家出行，所到之处都是前簇后拥吃好的住好的被人捧着，真正跟着走了几天才知道这样的生活有多辛苦。每天一睁眼想到一天的行程就觉得累，还要随时都精力充沛地出现在媒体和公众面前，排练演出更是不能含糊。有的时候还要和平民百姓一样搭乘经济舱，排队候机站在队伍的后面，早餐抓个麦当劳汉堡加咖啡，午餐买个三明治外卖充饥。我终于知道艺术家为什么在我没有把航班时间安排好的时候会抱怨，在乐团接待不周的时候会大发雷霆。

十二天的巡演下来，体力上可以用筋疲力尽来形容，精神上却依然时刻兴奋着紧张着。且行且珍惜，且行且收获，是我在旅行中找到的最佳心态。

危机公关·谁是受害者

旅行结束回到办公室的第一天，郎朗已经搭上了重新飞往西岸的航班去准备下一场演出。一切似乎都还沉浸在对刚刚过去的事件的喜悦当中，铺天盖地的报道和各界发来的祝贺延续着不能平静的昨天，就连办公室的同事们也纷纷询问前一晚白宫里的点点滴滴，一下子似乎我也成为了公司里最被大家羡慕的一个。还没来得及坐下来整理巡演途中耽搁的工作，我便收到一封转发的邮件，是当地一家很有影响力的报纸上刊登的关于白宫演出的文章。开始没当回事，因为在网络上搜集音乐会相关报道评论、追踪市场对艺术家的反馈是我工作的一部分，尤其像白宫国宴演出这样吸引了全世界眼球的活动，主流媒体跟踪报道也是无可厚非的，这本无异样，但明显这是一封内部交流邮件，其中一定有什么蹊跷。大概浏览了一下文章内容，文章说郎朗在国宴音乐会上演奏的独奏曲目不妥，曲子本身是电影插曲，歌词和电影含有反美元素等，洋洋洒洒一篇文章下来感觉夸夸其谈，言语之中不免露出夸张和煽风点火的味道，再看看作者的名字，很显然是个华人，没有觉得事态严重，一笑置之就放到一边了。谁料短短几小时过后办公室里开始频频响起各大媒体打来的电话，中间穿插着公关公司的各种预警，办公室里的气氛开始紧张起来，最后随着网上各种转载和评论越来越多，公司启动了紧急危机公关。公关公司连同平日一些合作比较多的社会名流纷纷帮忙出谋划策，郎朗本人远在西岸更是夜不能寐，几乎五分钟一个电话，在应对各种媒体质疑并和我们保持联系，关注最新进展，权衡并商量应对策略。公司里的每一个人也都如坐针毡，不断在搜索引擎上刷新最新消息。那几天是我参加工作以来心情最紧张的几天，或者可以用害怕来形容。接下来的几天当中华盛顿和纽约两家最大的报纸连续登出评论，几乎每天都有正反两种言论刊登在不同版面，很明显是对立的两派政治势力在媒体上公开发起了争论，直到几天以后白宫发言人公开出面澄清，曲目事先由白宫审查通过，白宫不认为有任何不妥成分，此次危机才算慢慢平息。

我是学国际关系出身的，"危机公关"这个名词早在上学的时候就听说过，觉得是很刺激很酷的事情。直到参与其中了才知道个中滋味完全不能用言语形容，尤其有政治因素在其中作梗。在这件事情上，大概公关公司、艺术家和经纪公司各自在自己的位置上有不同的关注点和想法，更有自己的角色和该做的事情。事后回想起来，虽然日常演出日程安排上，都是经纪公司出面代表艺术家谈判，但在危机公关当中，艺术家却要自己站出来面对公众媒体。在应对繁忙演出日程的同时要镇静地应对媒体和公众的各种质疑，我第一次切身体会到艺术家要承担的体力和心理上的双重挑战。

无疑，这场危机的起因源于一场事先设好的局，随着事态发展逐渐趋于明朗，背后操纵者编造的谎言不攻自破，这对于艺术家来说并非坏事，毕竟再好的公关也无法让各大主流媒体连续好几天保持对同一位艺术家的高度关注，所以事后大家会开玩笑地说，这一次我们大赚了一笔公关费。但反过来值得反思的是这种无端的诬陷和谣言，包括时常掀起轩然大波的八卦新闻，对当事人造成了伤害，而公众更是受害者。无辜的公众在无端挑起的争论中被左右得不明真相。还好，此次危机以真相大白作为结尾，也还了艺术家一个清白。

李斯特的生日派对

2011年10月22日是作曲家李斯特诞辰二百周年纪念日，为了这个特殊的日子，唱片公司决定发布一张全新唱片，录制的全部都是李斯特的作品，命名为《李斯特——我的钢琴英雄》。同时为了配合唱片推广和纪念日的宣传，当天音乐会的主办方——费城交响乐团，还有唱片公司经协商后决定办一场在电影院现场直播的音乐会，范围覆盖全美国。电影院直播音乐会是此前不到一年才刚刚突破技术难点而诞生的一种可以远距离大范围传播现场演出的方式，录音录像技术的逐步提高也保证了电影院音乐会的观众和现场观众一样可以得到高品质的音效和画面，甚至通过直播导演的镜头切换和镜头推拉，电影院里的观众可以比在现场的观众更全面更清晰地看到每一个细节。在这一新生事物刚刚问世之初，洛杉矶爱乐和大都会歌剧院率先使用该技术在全美范围内直播他们的音乐会和歌剧演出，而此次我们所制作的直播则是史上第一次针对独立艺术家的电影院直播，从方案刚刚确认便得到了各界媒体的广泛关注。

好的点子是成功的一半，但完成从理想到现实的另一半往往要经过漫长和痛苦的过程。大项目总是牵涉多方机构：负责技术支持与电影院对接的制作公司，拥有音像版权的唱片公司，负责市场宣传的公关公司，负责直播的导演小组，音乐会上合作的乐团、指挥以及艺术家本身。每一方都是"婆婆"，"婆婆"多了总是任何一个小细节都有很多纠缠不清的事情，尤其是第一次尝试，作为唯一在中间协调的我们所经历的挑战可想而知。换句话说，不到音乐会落幕那一刻，谁也不知道我们究竟能否成功。

经过长达几个月的前期协调，各方面总算都达成了共识。从大老板们第一次会面坐在一起唇枪舌剑到一天几十封充满火药味的邮件，到最后大家都心平气和地开始商量具体细节，一直作为跟班的我觉得好像一场梦迷迷糊糊就变成了现实。一切都在按部就班地进行着，意想不到的事情发生了：刚刚在整个古典音乐界因为宣布破产而掀起轩然大波的费城交响乐团传出将要集体罢工的消息，而罢工时间恰好涵括了我们影院直播音乐会那场演出的时间，当时的感觉是要多巧有多巧，前功尽弃，都白忙活了。结果老板一方面给所有人打气，故作轻松地说他们只是舆论上闹一下，并不会真的罢工，让大家不要慌张一切照旧；另一方面却马上开始紧锣密鼓地咨询相关人士准备候选方案。平时一直觉得老板的工作其实也不过动动嘴皮指挥指挥手下人马，做久了熟悉情况了这活谁都能干，一到危机时刻才真正看到老板长于员工的一面，这种坐怀不乱和广博的资源、开阔的思路是真正靠多年经验积累起来的。

距离活动还有大概一个星期的时候，公司里的分工已经相当明确了。老板一边和乐团高层保持联系，尽一切努力稳住乐团，避免罢工的发生,一边和备选的乐团、场地保持沟通,以保证临时可以替补上来。而我的工作则好像是在另一个项目上,一切若无其事地按照原计划推进。我时常会有一种幻觉,好像我们装作不知道罢工即将发生,它就真的不会发生。

大家都怀着期待工作着,直到演出的前一天,真的就没有什么罢工的迹象了。第二天一早,我的任务就是带着外景主持人到实地踩点、进行外景拍摄。艺术家已经先行一步抵达费城开始与乐团排练。美国东部的10月已经是冬天,外景拍摄虽然没有电影电视剧纪录片要求那么高,但依旧是一项艰苦卓绝的任务。顶着寒风在城市不同地标性建筑和景点间穿梭,因为是音乐会中场休息时候的串场外景,因此艺术家和主持人都穿着音乐会上表演的服装。头发不停地被吹乱,衣服不停地被风掀起,本来短短几分钟可以录完的场景,一次次重拍,几小时过去了,整个剧组都被冻得透心凉。

外景拍摄完毕,要赶回办公室处理视频和邮件,第二天再到现场盯卫星信号落地,调试设备和直播车。还记得直播车缓缓驶向音乐厅后台,接收信号用的大锅盖被搭起来的那一刻,第一次操作直播的我完全无法抑制住激动的心情,不禁回想起来项目从零开始一点一滴走到今天的所有努力、付出和挑战。我拿出手机拍了一张大锅盖的照片发到微博上,却不知道要用什么语言来形容。每天都同时有在现场完成的工作和办公室处理的后勤任务,于是连续几天都是天还没亮就搭上去费城的火车,深夜了再搭火车回到纽约。每次都是火车还没启动我就已经睡着了，还好，费城和纽约之间只要一个多小时的车程。

音乐会正式演出的时候，老板亲自去直播车里助阵了，我则留在后台。因为除了协助演员做好演出工作外，中场休息的时候后台场景也要做采访和直播。结果上半场演出结束，艺术家刚刚回到休息室，大家都还没有准备好的时候，主持人已经带着摄像机冲了进来，于是我也在毫无准备的情况下出现在镜头里，我知道与此同时几百家电影院里上万观众都看到了我，我也知道一注意到这点，自己的表现其实很不自然。果然，下半场音乐会刚刚结束，就已经开始收到朋友们的短信，其中有很多是我们的公关小组派到各个电影院实地调查的朋友。不过大家汇报的并不是我在屏幕上有多不自然，而是整个直播相当成功，电影院里的观众反响热烈，甚至在每首乐曲结束的时候，他们也在鼓掌。

异乡的春节序曲

大概在纽约或者关注纽约爱乐的中国朋友们都会注意到从2012年起，纽约有了官方的中国春节音乐会，每年春节在林肯中心由纽约爱乐携手中国艺术家们奏响庆祝中国春节的旋律。作为一个生活在纽约的华人，一个现代北京人在纽约的代表，这首先带给我的是一种亲切感，异乡的春节不再因为是一个人而孤单。而每每听到有人议论起这一盛事，更让我自豪的是，我是这一项目的幕后制作人之一。确实，这个项目让每年春节期间的我更加忙碌，更不用提回国与家人团圆了。已经两个年头过去了，每年都是由对家的思念和忙碌充斥着初一到十五，纽约的上空不会因为春节而绽放烟火，更没有此起彼伏的鞭炮声，但林肯中心的舞台上同样会响起耳熟能详的《春节序曲》，聚集在这里的人们虽然各种肤色都有，但所有人都会为着这一中国的传统节日而盛装出席，到处可以见到身着绣着飞龙和凤凰的旗袍马褂的西方人。

这同时也是为纽约爱乐筹款的一个特别项目，因此有一个专门的筹款委员会成立。通常这样的委员会里都是社会名流，靠着他们的社会影响力吸引更多人捐款，这是美国非营利组织筹款的重要方式之一。上研究生的时候专门有一门课就是讲此类筹款项目运作的，当时觉得在所有接触到的概念里这一项是距离自己最遥远的，因为那个时候觉得自己是个外国人，和本土主流社会根本就是遥不可及。大概人在他乡的命运就是寄人篱下看人脸色，这些所谓上流社会的事情无非听听而已。当事情发生在你面前的时候，才发现其实它也没有想象的那么遥远。

纽约爱乐有专门的职能部门负责筹款晚宴，但我是整个项目幕后运作团队里唯一的中国人，国内政要的邀请和接待工作自然也落在我头上，不过作为制作成员之一的我的主要任务还是节目本身。从选择艺术家到曲目安排，我们在突出中国文化方面颇花了些功夫。第一年的舞台上，我们从中国内蒙古大草原请来一群十岁左右的少数民族孩子，让他们在异乡的舞台上放声歌唱。他们身穿的是传统蒙古服饰，唱的是蒙古歌曲，跳的也是传统舞蹈，纽约观众们记住了这样一群来自大草原的孩子。第二年我们邀请了国内著名的藏族三姐妹合唱团还有京剧演员，当京剧演员穿着行头碎步登上舞台的一刹那，我分明听到周围好多花白头发的美国爷爷奶奶们不由自主地"哇"出声来。

似乎每一个项目中那句话都会应验：你永远不知道究竟会发生什么，但你知道一定会有一些状况发生。第一年担任演出指挥的中国著名指挥家余隆演出前一晚在纽约街头被黑人拦路抢劫打青了眼眶，一夜没睡，第二天打了重重的粉底才登台应付了电视转播，但演出效果惊人的好。第二年演员们的签证迟迟发不下来，最终是筹款委员会里的资深外交官到美国驻中国大使馆与大使沟通后才得以特快处理。第三年、第四年，不知道每一年都会有怎样精彩而且不能重复的故事发生，我倒是相当期待，期待那份忙碌着的快乐，期待那份听着美国观众赞美中国传统艺术时的自豪，期待穿梭在后台的使命感，期待为了安排筹款晚宴嘉宾座席，十几个人围坐在会议桌边画草稿的苦恼，期待音乐会结束后筹款晚宴上的觥筹交错，期待演出第二天各大媒体对音乐会的报道，也期待着对再下一年的期待。

郎朗的三十岁生日

郎朗自成名以来，一直被全世界公认为是钢琴天才。自十三岁拿奖十七岁成名以来，取得的成就是很多人一生不敢觊觎的，更让人羡慕的是他的年龄。而这位世人眼中还是个孩子的艺术家在 2012 年 6 月迎来了他的三十岁生日。在中国人的概念里，三十岁是个里程碑，三十而立，代表着一个人从单纯的年轻、朝气蓬勃逐渐走向成熟、睿智，尤其对于男人，象征着真正独立并承担起社会责任。刚好近几年来郎朗在演出之外的另外一项事业就是推进艺术教育事业，帮助年轻人。于是一场主题明确的生日音乐会便应运而生。

这场音乐会的地点最终定在柏林的 O2 体育馆，音乐会上还将有来自全世界不同国家的五十名琴童与他共同演奏，五十名琴童由网络视频甄选出来。

3 月的时候，我和老板第一次飞赴柏林查看场地，与赞助商、当地的协调小组、唱片公司、音乐会导演以及舞台设计等全班人马面对面沟通。回到纽约之后，便开始了长达几个月的准备过程。这个过程中再次印证了我们做项目的一句真理——永远会有很多你意想不到的状况发生，而每处理一次状况，你获得的除了项目本身的推进外，还有成就感。

终于到了 6 月，提前一个星期我和老板就再一次飞赴柏林，这一次是因为音乐会就要隆重上演了。经过三个月的紧张准备，偌大的 O2 体育馆完全变了个样子。三个月前还在进行体育赛事的地方奇迹般建造起来了和图纸上一模一样的舞台，舞台测试的时候灯光音响效果一齐呈现，无数次在电脑上演示出来的效果实实在在出现在眼前的时候，我简直不敢相信这一切是我策划协调出来的。空场测试的时候我因为要在场地内的各个角落都感受下实际效果，于是一个人在能容纳上万人的体育馆里到处跑。光彩琉璃的舞台从任何一个角度看都那么完美，站在观众席最高层的时候望着下面密密麻麻上万个座位，憧憬着一个个空椅都坐上观众的景象，觉得一切都好像在梦里。那一刻我觉得一个人的身体很渺小，就站在这么空空的一个大体育场里，好像随时会消失。但心有多大舞台就有多大，眼前的这个舞台，似乎还不够呈现出我的心。这几天这个大体育场，不仅是郎朗和孩子们的舞台，也是我的舞台。

演出的前三天，全世界二十多个国家的五十个琴童纷纷抵达柏林，郎朗也飞抵柏林后，排练正式开始。起初的排练在柏林郊外的一个音乐工厂，是一个很大的废旧厂房，被改造成一个音乐基地。我驱车赶往现场的时候排练已经开始，推门进去，五十个孩子正两两坐在钢琴前认真地摆弄着自己的手指。刚刚合起来的音乐是稚嫩的，稚嫩得和他们的年龄一样，也和他们的年龄一样美好得让人不敢去触碰，只有静静地聆听，每一个人的脸都是微笑着的。更值得一提的，也是我做了好几年演出经历最特殊的一点是，现场有五种语言的翻译，郎朗在大厂房正中心被五十架钢琴包围着，既做指挥又做钢琴指导，当然也是个孩子王，他说的每一句话都会被翻译成五种语言。

终于到了正式演出那一天，前一晚几乎整夜没睡，为了第二天的大场面在做着最后的准备工作。一种必须保证万无一失的责任感让我一夜竟然没有丝毫睡意，几乎是看着窗外一点点亮起来。直到看到朝阳从窗帘缝隙里进入房间,我才胸有成竹地从打印机里取出最后的现场文件,检查几部手机都充好了电,关上电脑,去冲个清凉澡,换上工作装,再带上晚上正式演出的节日盛装,叫上司机开始了在现场忙碌的一天。每一个现场的工作人员都和我一样,到得很早,我不知道他们是否也一夜未眠,但可以看出来每一个人都和我一样信心满满整装待发。

傍晚,场外的工作人员在对讲机里说外面观众已经排起长长的队伍等待入场,忍不住好奇的我专门从场里跑到外面,绕着圆形体育馆走了整整一圈,每一个入场口都有长长的队伍,音乐会主题海报在三百六十度环形大屏幕上滚动播出。刹那间我只有感慨柏林的傍晚好美,而我知道这种美感是发自内心地对一小时以后演出的期待。

音乐会终于开始了,每一个环节都紧张有序地运转着。我忙里偷闲在台口向场内张望了一下,和几天前想象的一模一样,现场座无虚席,大家手上拿着荧光棒,琴迷举着有郎朗名字的霓虹灯牌。上半场乐队协奏部分结束后,下半场是和五十个琴童的合奏部分,伴随着庆典音乐和环绕舞台一周的大屏幕上的烟火徐徐升起,五十个孩子仿佛天使一般降临在舞台上,现场响起热烈的掌声。我身边站在后台口的一位来自西班牙的同事禁不住哭了。我们3月在柏林的准备会议上第一次见到她,那时候她刚刚知道自己怀了宝宝,转眼三个月过去了,音乐会终于成功举办了,她肚子里的宝宝也已经三个多月了,她说自己怀了个音乐会宝宝,这场音乐会本身也如同她自己的宝宝一样,三个月当中灌注了她全部的努力和关爱。

最后的一幕是幕后工作人员们精心策划的，为了给郎朗一个惊喜，在排练过程中一直都保密。演出结束了，郎朗如往常一样上台谢幕，伴奏乐队和指挥却没有下场，在舞台上模模糊糊地奏着一些似乎耳熟又叫不出名字的调子，慢慢地主题越来越明朗，郎朗莫名其妙地站在舞台上，终于《生日快乐》的旋律从迷雾重重的调子里脱颖而出的时候，五十个孩子手持鲜花走上舞台环绕在郎朗身边，用五种语言给他唱响了生日歌。我看到郎朗眼里闪着泪花，台下的观众跟着一齐唱，台口的工作人员也跟着唱。郎朗的爸爸也被这一幕感动得潸然泪下。

飓风吹走的筹款音乐会

郎朗于2008年10月在纽约成立了郎朗国际音乐基金会，旨在资助和培养年轻艺术家，为他们提供专业演出机会，并定期亲自为他们教授课程。基金会成立五年来，所培养的近十名琴童来自各个国家，年龄最高不超过十三岁的他们已经多次登上卡内基音乐厅这类享誉世界的舞台，在世界各地都举办过活动，在当地引起不小的轰动。郎朗的声誉和规范的管理运作，加上董事会的大力推动，使这个年轻的非营利组织五年间得到巨大的发展。

在基金会发展的前几年，资金来源主要依靠董事会成员的慷慨捐助，但几个人的力量总归有限，基金会存在的意义本身就是通过大规模的社会捐助支持整个社会收益。于是在基金会成立四年之际，一场大规模的筹款活动应运而生。作为一个艺术类基金会，筹款的主要形式是音乐会和重大筹款项目惯用的慈善晚宴。

我所就职的经纪公司负责郎朗的商业演出，和基金会的慈善事业是分开的，但这场筹款音乐会我的公司和团队志愿承担了节目制作的任务，和基金会团队一同筹划和运作这场基金会成立以来的首场慈善筹款音乐会。音乐会以"郎朗和他的朋友们"命名，除了郎朗以外，邀请了音乐界他的艺术家朋友们同台演出。他们是小提琴家约书亚·贝尔（Joshua Bell），几次获格莱美奖的爵士歌手迪迪·布里吉沃特（Dee Dee Bridgewater）（巧合的是我们曾经在白宫演出上碰到过，她是我的两个"中文学生"之一），丹麦歌手欧·兰（Nanna Øland Fabricius，她的艺名是 Oh Land），多次获得艾美奖的著名演员亚历克·鲍得温（Alec Baldwin）担当主持（我和亚历克是在曼哈顿音乐学院授予郎朗荣誉博士学位的时候认识的，他是当年两名荣誉博士中的另外一位，毕业典礼前在校长家的午宴上聊天中，亚历克就十分赞赏郎朗为下一代教育事业所做的工作），同时登台的还有基金会近年来培养起来的几名琴童。除了美国的三个孩子，还专门从香港和中国大陆请来了三位小钢琴家。

经过和卡内基音乐厅的协调，时间最初定在了 2012 年 10 月 30 日，是基金会成立四周年的日子，和演员们逐步沟通后节目也基本成形。我和另外一位同事紧张策划节目和宣传等制作方面事宜的同时，基金会在通过董事会相关资源给晚宴筹款。音乐会票房收入是筹款来源的一部分，另外的主要来源便是筹款晚宴。通常晚宴以整桌席位出售给捐助人，捐助人可以邀请家人朋友等一起出席，也可以单独买席位，当然桌位和席位的价格都比普通的晚餐要贵很多，物超所值的部分便是为慈善机构的捐助。所有捐助款项都会由慈善机构出示证明，可以抵税用。

每当有节目制作在手头的时候我的工作就会变得很忙。因为艺术家们的日常活动不会有任何松懈，一切都照常进行，节目制作便是额外的工作量。尤其特殊的项目或者规模比较大的项目，会有美国的公关团队、华文媒体公关团队、赞助商团队、技术支持团队、场地的运作团队和每一位艺术家的经纪团队，加起来几十人上百人代表不同的机构参与到同一个项目中来，其中的组织和协调工作便是很重要的一项任务，而这项任务毫无疑问落在了作为制作人的我和俄罗斯女同事头上。每一封邮件要抄送给不同的人，每一次电话会议都有多方同时打进来，遇到矛盾的时候也是我们在中间寻找双方都满意的解决方案。

演出前一周，宣传进入冲刺阶段。我们在纽约城西靠近卡内基音乐厅的周围几条主要街道上购买了公交车站广告。忽然有一天走出办公楼，看到马路对面就是自己从最初设计一点点修改到最终完稿并且为之忙碌了已经几个月的项目巨型海报的时候，一种自豪感和成就感油然而生。虽然做项目已经不是第一次，但每一次这种感受都新鲜如初。

然而就在一切准备就绪、所有人都拭目以待的时候，纽约及周边城市响起了飓风"桑迪"警报。经历过上一年夏天飓风"艾琳"之后，起初大家并未意识到事态的严重性，一切还按部就班地进行。而事态似乎每一天都在加重，自然灾害预警每一天都在升级。每个人都收到了撤离通知，纽约地图被红、黄、蓝、绿划分成不同级别的危险区域。音乐厅所在位置是曼哈顿正中心，并不在撤离区域内，但由于很多曼哈顿市民都撤离到了周边城市，或者在随时可能发生自然灾害的时候都不会出门了，于是从我们的演出日期前三天开始，卡内基音乐厅官方取消了所有他们自己演出季内的演出，随后几条街以外拥有十三家演出场所的林肯中心也取消了所有的演出。我们的演出在卡内基音乐厅举办，但并不属于音乐厅演出季内的音乐会，因此取消与否由制作方决定。经过整个团队的商量，最终我们决定，演出照常！因为这么多客座艺术家能够参与进来是十分不容易的事情，每一位艺术家档期都很紧张，能够在全球巡演途中抽出时间停留纽约并不是轻易能够实现的事情。与此同时，很多观众和购买了晚宴席位的捐助人开始纷纷打电话发邮件询问演出是否照常进行，电话里邮件中我们都十分肯定地说我们风雨无阻，颇有一种与天斗的壮怀激烈感。

谁知道好事就是如此多磨，演出的前一天，10月29日，卡内基音乐厅马路正对面一栋正在建设当中的住宅楼，也是一度号称曼哈顿最高价楼盘，施工中几十层楼高处的脚手架被狂风吹折，摇晃在风中好像顶在方圆几百米范围内的一个定时炸弹，随时有可能被狂风吹断，砸在某一个不幸的角落。于是以卡内基为中心、三条街道为半径辐射的区域被警察强行戒严了，包括住宅楼和办公楼的所有建筑里面的人全部强行撤离。凑巧的是我们的办公室也在戒严范围内，我和俄罗斯同事在办公室留守到所有其他同事都撤离了，还是被迫带上电脑回家办公了。

没有人知道头顶的定时炸弹什么时候可以取消警报，棘手的是根本没有人知道那么高的一个大家伙要怎么处理，眼看演出之前不会得到解决了，这场音乐会便被迫宣布暂时取消。全面发布消息的同时，我们与卡内基的团队经过各方日程协调，选定了新的日期：2013年6月3日。就在音乐会原定的日期10月30日当天，飓风"桑迪"正式登陆纽约曼哈顿岛，岛上三十三街以下全部瘫痪，留守在岛上的居民被迫撤离城市，家里断水断电的躲到中城以上的酒店或朋友家，幸运的朋友们也只能被迫在家待着。

飓风过后回到正常工作中，多了半年准备时间，除了要和艺术家们重新确认档期外，更多了半年时间筹划晚宴。于是我们决定扩大晚宴规模，从卡内基宴会厅迁到几条街道以外一个更大的宴会场所，可以容纳比原来多的席位，这样可以扩大宣传的同时还可以筹得更多款项。当然这也给晚宴筹划带来了更大的压力，因为要说服更多的人捐款购买席位，于是在飓风过后的几个月，大家都把精力集中在晚宴上，当然还要与票房协调小部分观众退票的需求，同时我和俄罗斯同事将参加演出的艺术家档期一一确认后，得知迪迪已经有演出安排不能出席了，但曾经在10月不能出演的著名女高音芮妮·弗莱明（Renée Fleming）和流行天王约翰·传奇（John Legend）却意外地可以加入演出队伍中来，于是我们的演员阵容也扩大了，看上去一场更大规模更加隆重的音乐会将应运而生。

10月演出开始前两周，音乐会现场两千八百个座位就被一抢而空，日期更改后有几百张票退回来，但很快就又被抢光，就连我们制作组都没有办法再预留更多票出来。于是出现了在卡内基演出史上很少见的一幕——演出海报还没有挂出来就一票难求，演出前海报一经挂出就被贴上了大大的"SOLD OUT"（售完）标志。挂出来的当天我和俄罗斯同事到卡内基音乐厅外面看海报，拍了照片给公司老板看，老板看后送给我俩一句话：作为制作人，SOLD OUT是字典里最美的词汇。

终于到了新的演出日期，一切准备就绪，长达近一年的准备就要等到好戏上演的这一天了。前一天晚上我竟然激动得睡不着觉，反复整理着第二天要穿的晚宴礼服和所有要现场携带的文件，包括演出流程、后台图等，尽管早已经不是第一次做节目制作，尽管卡内基从台前到幕后早已经熟悉得不能再熟悉，但我给自己的标准是不能有半点差错，小小的一点点差错对于节目可能就是致命的问题，哪怕小到观众都察觉不到。

演出当天排练从上午就开始紧张地进行，短短几小时内所有节目都要排练完毕。出乎我们意料的是所有艺术家全部准时抵达现场，积极配合，曾经担心的迟到、耍大牌等都没有出现。6点半一到开演钟准时敲响，我和往常一样在后台口协助舞台监督，舞台门打开的时候悄悄向观众席张望，满满地坐了两千八百人。通常的音乐会音乐响起来的时刻我就可以稍微轻松一点了，但这次不同，需要准备每一位演员的谱子，确认下一个节目的演员已经就位，技术人员的所有设备都调试好，等等。总之就是台上演着，后台忙活着。演出过后转战晚宴现场，嘉宾们一个个穿着大礼服和燕尾服，在闪烁的灯光里摆造型，拍照、采访、就座、讲话、拍卖，看着一桌桌被坐满，记者们带着满意的照片和采访录像离开，一颗心才终于可以稍稍落下。拍卖结束晚宴接近尾声的时候，基金会的主席在嘉宾面前宣布，当晚筹得善款共一百二十五万美元，全部善款将捐给郎朗音乐基金会做项目款项。回到家已是凌晨2点半，却半点睡意也没有，掐指一算已经整整二十个小时没合眼了。

这算是一场相当成功的筹款活动，虽然可以改进的地方还很多，但结果已经大大超乎我们的预料。想想四年前在学校里苦读，将近一半的课程都是整个非营利行业的筹款机制，却直到毕业都是一知半解。入经纪行业后一度以为曾经的挑灯夜战艰苦奋斗算是白费了，商业公司根本用不上书本上学来的那一堆找人要钱的本事，更何况从书本上学来后还没来得及用就又还给书本了。没想到四年后制作的项目让我把从前学到的不明白的东西统统过了一遍，还对整个筹款体系有了更深的认识。所谓实践出真知，真是太有道理了。

美国的艺术机构绝大多数都是非营利的，而所有行业的非营利机构几乎都是依托于一套完善、成熟的筹款体系。这一套体系在美国有很长时间的历史了，相关政策也给予了捐款人和捐款企业很大程度上的纳税优惠，多年来其适用性和合理性都在逐步完善。这里每天都有大大小小非营利机构五花八门的筹款活动。筹款部门是一个非营利机构运营团队中必不可少的，他们不同于营利企业的销售部门，同样是机构的资金来源部门，但筹款部门靠的并不是卖产品，或者说非营利组织的项目大多并不产生利润，项目组织者注重的是活动本身带来的社会效应，捐款人看重的同样是活动影响，但他们并不是直接受益人，这就是非营利机构最大的特性。

心中的五星红旗

刚刚出国留学的时候，我就深深体会到在国内听到过很多次，但从来没有切身感受过的两个字的含义——爱国，直到自己身在异乡。在中国的时候并不知道什么是爱国，也从来没那么爱国；出国后，反而变得更加爱国。还记得在波士顿的时候，北京奥运会刚刚过去，有一天走在大街上等红绿灯，身边一个当地人和我聊天，说起我是北京人，对方第一反应就是刚刚过去的奥运会，他的评价颇高，而且他是从头到尾观看了开幕式。结果话锋一转就开始抨击开幕式演出上林妙可的假唱事件。若在以前，大概不愿意惹是生非的我也就笑笑作罢，毕竟事实尽人皆知，人家也有发表看法的权利。可那一时刻我唯一的感受就是这个人站在我对面指着鼻子骂我，于是一刹那不知道哪来的勇气和想法，操着自己还远达不到和美国人争论水平的英文和对方说：你们拍的好莱坞动作片有哪一部不是替身演员在明星演员背后打打杀杀的。结果此话一出对方就不作声了。

工作以后，我是公司唯一的一张中国面孔，同事们大大小小关于中国的问题都来问我；在对外的大大小小活动上，我也通常都是极个别的中国面孔之一，和人谈论起来最多的话题，还是中国。尤其我所从事的行业里，中国的艺术家们近年来一个个崭露头角，更有像郎朗这样站在世界舞台巅峰的形象，让中国一下成为了大家关注的焦点。这一点让我感到非常自豪，我也时常感恩生活在一个好的时代，中国不但经济实力增强了，文化软实力也同样站在世界的前沿。一个个响亮的名字被全世界所知晓，成为一张张中国名片，让这个沉淀了五千年文化的国家吸引着世人的目光。

还记得刚刚工作的时候，应邀出席了中国人民解放军军乐团和美国陆军军乐团在林肯中心的联合演出。这是一场两国军队最高规格的合作演出，双方都派出了军队最高官员出席，重视程度不亚于国事访问，在我身边就座的全是身着军装的军人。每一个在中国成长起来的人都会有这样的经历，在学校里每周参加升旗仪式、每天早上进校园时遇上升旗会停下脚步行注目礼或者少先队员队礼。那时候这么做是因为学校有规定，或者老师告诉我们应该这样做，久而久之成了习惯却没有用心去感受过那一时刻是多么庄严。而那天是我出国以后第一次听到现场演奏版的国歌，当主持人说请全体起立奏两国国歌的时候，站起来的一刹那我感受到了一种从未有过的厚重感。军乐团奏响的国歌是标准版，是所有版本的范本，从香港回归到奥林匹克开幕式再到每年国庆天安门广场的游行，从来都是这支乐团奏响一个国家最严肃的音乐。那一天在林肯中心，第一个音符响起的时候空气就一下凝固住了，就连呼吸都觉得是对这一时刻的亵渎。

说来也巧，时隔不久国内发行国歌标准版音像制品，我跟随公司一位钢琴家在纽约录制钢琴独奏版和军乐团合奏版中的钢琴部分。受档期限制，艺术家无法在规定时间内回国与军乐团同时录音，于是由军乐团自行录制后传母带到纽约，我们在纽约租来一间录音棚录制钢琴部分，然后合成。短短四十七秒的音乐，前前后后在棚里录了好几个小时，一个微秒的差距都不能有，从头到尾我都是站着的。录音师觉得奇怪，问我为什么一说"action"我就站起来，听我讲完后跟我说："我因为工作需要所以要坐着，请不要觉得被冒犯。"

带给我类似感受的经历很多。上海世博会开幕的时候，郎朗作为嘉宾应邀到纳斯达克敲响当天的开市钟。纳斯达克的开市录影棚位于时代广场正中，面向时代广场的巨型屏幕有几层楼高，覆盖整个街角，是时代广场上众多大屏幕里最醒目也是最具代表性的一块。当天的直播主题就是庆祝上海世博会开幕，开市仪式在全美国现场直播，无数关注股市的人都在注视着屏幕，户外的巨型屏幕也会打出当天的开市主题和当天的开市嘉宾。就这样，我们的影像都出现在那块大屏幕上，背景是鲜红的五星红旗，整个时代广场的一半都被映红了。透过演播室的玻璃墙，我看到无数路人驻足观看。庆典结束后有当地媒体对驻足观看的华人进行了采访，他们说时代广场映上红色很漂亮，作为中国人，这一时刻他们觉得非常自豪。

作为在海外文化产业发展的中国人，我经常被问起关于演出市场东西方的差异，我曾经听到最多也非常认同的一点是：古典音乐未来的市场在中国。我在中国和美国包括欧洲都出席过很多音乐会，所看到的最大的不同就是年龄层的差异：西方的观众绝大多数都是年过花甲的老年人，通常站在台口我看到的观众席上是一片白色。老去的一代有着深厚的文化根基，但人们纷纷在担心这种根基会随着一代人的逝去而消逝；而中国则截然相反，年轻人占了整个演出市场的绝大部分，这是十分可喜的现象。年轻的一代受过相关的教育，自身的文化水准和欣赏品位在全民性地逐步提升。我们也有理由相信，当他们成长为中年人，他们的下一代会和他们一样成为艺术市场未来的观众。这一点我很欣慰，更对未来充满信心。

第八章 因为相信,所以坚持

打拼的日子,光鲜都被别人看在眼里,辛苦却只有自己知道。任何一项事业,没有付出便没有回报。因为热爱所以相信,因为相信所以坚持。回首过去再展望明天,"相信"铺满伸向远方的路,双脚要踩着"坚持"继续前行。

纽约纽约

转眼又是一年秋天,纽约的天气一下就凉了下来。似乎上一个周五还一身短衣打扮冒着汗走进办公室吹空调,周一出门的时候已经搭上了一件风衣一身长衫了,就这样被冷风吹了个猛醒——这就是纽约,一切变化得太快,每一天都是新的。

在纽约生活已经整整四年了,对大多数生活在这里的年轻人来说已经算是个老纽约客了。纽约就是这样一个地方,周围的人来也匆匆,去也匆匆,停停走走,走走停停。四年间,无数人悄悄地搬来这座城市,带着梦想带着期待带着对这个大都市的无限憧憬来打拼;四年间又不知道哭着笑着送走了多少身边已经熟识的朋友,走的时候或带着不舍和遗憾,或带着洒脱和归依感,走向下一个生命中的停靠站。

我自己也一样,四年前战战兢兢地从波士顿跑来纽约面试现在的公司,来之前的一整个晚上都兴奋得没睡着觉,虽然还没有被正式录用,就算能在纽约梦想中的公司得到面试的机会都足以让我热血沸腾。被公司录用成为实习生以后忙着在纽约找房子、搬家,所有事情在短短一个星期内全部完成。两座城市之间的长途大巴不知道坐了多少个往返,天不亮就去赶车,天黑了再坐车回来。半夜才到家已经成了家常便饭,但从来不觉得辛苦,不知道哪里来的那么大精气神,好像永远也不知道累,永远有用不完的劲儿。那几个月的想法好单纯,脑子里唯一的目标就是留在公司,不惜一切代价也要留下来,这样就算有一天离开了这里,也算没白来过。就这样傻乎乎地凭着一股韧劲拼命工作,在这家没有正式录用过中国人的公司留了下来,成了这里的第一个中国员工。每天操着自己的第二语言工作,所有同事都是美国籍,研究的是美国人的文化和美国人的喜好。三年里做过没人愿意做的打杂的活,被老板提醒过英文不够过关,也因为不够谙熟美国公司里的内部文化而被气哭,还因为利益纷争被夹在艺术家和公司之间左右为难,但还是慢慢地得到了公司上下的认可。从同事到我们签约的艺术家,从合作的演出方到赞助企业,了解了公司业务上的一点一滴,熟悉了整个行业的前前后后,被涨了工资被升了职被重用了。看似一切都按照预期步入正轨之后,我却不时在考虑是否要一直留在这里。越是回想起四年前那个踌躇满志的小姑娘,越是要照照镜子问问眼前这个成熟了许多的年轻人下一步要往哪里走。

有人说,纽约是一个可以让所有人都实现梦想的地方,只要你有梦想,只要你肯去奋斗。看着每一个刚刚来到这座城市的人,从他们兴奋的眼神里我知道他们都有梦想,也都做好了奋斗的准备,但每一个即将离开的人的眼神都变得很复杂，有成就也有失落，有满足也有遗憾；大家都说着彼此珍重，努力奋斗，单纯得好像大学毕业的时候散伙饭上同窗之间的寄语，但没有人会问起你当初来的时候的梦想，更不会有人去问"你的梦想实现了吗"。因为无论在哪儿，你都有权利继续拥有梦想，继续追寻梦想。就算一度你丢了梦想，也还有找回来的那一天。离开纽约，只意味着结束一段生活重新开始另外的生活，并不意味着其他什么，带给你归属感的是一种心情，和一种对于生活的态度。

也有人说，在纽约，如果你觉得自己很牛，那么你一定是初来乍到刚出来混的。因为在纽约，哪一个不是牛人，哪一个人的故事不能写出来一本书，讲出来让人听着惊讶感到佩服。但是这并不等于你要卑微地生活，依然要像牛人一样活得自信，活得有尊严，活得带劲儿，牛人们也和你一样在这样生活着。不要以为纽约的那些私人俱乐部都是拿钱砸进去的，就算你家里有钱有地位，依然还是要面试，还是要靠人推荐。他们看的是你这个人本身，不是你从哪里来。

天气转凉的时候忽然在微信群里收到平时一起玩的朋友发来的短信，说"今天降温，晚上睡觉记得盖被子了"。忽然感慨自然事物是如何在这座冷酷的城市把人们联系在一起的，有情感的人就算白天工作截然不同、性格迥异，心还是会连在一起。朋友和经历，是一个人一生中最珍贵的两样东西，没有谁可以从你身边夺走，你拥有了就是一辈子。每一个生活在纽约和即将离开纽约的人都会不禁发出这样的感慨：如果有一天离开纽约了，这是在纽约或长或短的停靠中最值得回忆的。

四年来我从来不会担心生活无聊，我的担忧只是时间不够。每天有太多的事情在同时发生，白天上班的时候都专注于工作，下了班或者周末的时候，有朋友聚会，有各种演出，有不同的庆典，还有人组织到郊外的旅行，似乎顾及了这个就冷落了那个，而每一件都是精彩的，你都不想错过。每天上班经过每一条街口的时候望向东边的尽头，你看到最远处正在升起的一轮朝阳，但一路望过去的风景都是不同的。

四年的喜怒哀乐让我对这座城市又爱又恨，正如《北京人在纽约》里面的经典对白："如果你爱一个人，就送他去纽约；如果你恨一个人，也送他去纽约。"对于来到这里旅游的人来说，这里的流光溢彩花花世界让你目不暇接，这里的快节奏和充斥在空气里的压力让你不禁感慨这里果然是全世界的经济中心。这座城市乍看上去的嘈杂和脏乱差让你厌倦，街上拥挤的人群让你没有半点好心情，但真正踏实下来体会这里的生活，你会在一点一滴中爱上这座城市的包容和活力。这座城市的林林总总让你目不暇接又常常问自己"我是谁"，这里的形形色色让你有时候被压迫得喘不过气来还要不时地问自己"我行吗"。压力和动力，机遇和竞争，包容与淘汰，金钱和梦想，这些词充斥在这座城市的空气里，融入纽约人的血液里，也在无形中给你更加坚定的信念，执着地走下去。

路还很长

我很自豪也很幸运能有机会在这个特殊的行业里，在中国这个行业还相对不成熟的时期可以在美国工作和学习，并走在最前沿。随着这个行业在国内的逐渐兴起，越来越多的学弟学妹们出国申请这个专业，入学前和申请工作前都会来询问我的意见，似乎我走的每一步和每一个想法都会对他们的选择产生很大的影响，这多多少少带给我一些压力，也迫使我对于这个行业在中国的发展和作为一个中国人在美国的这个行业发展有很多思考。然而更大的压力，也来自在我之前并没有一个和我相似的情况给我做参考。从前我和绝大多数人一样喜欢"追寻前人的脚步"或者"吸取前人的经验教训"，每每我不知道要怎么选择走下一步的时候，我都在想，如果有一条前辈走过的路让我参考该有多好，可现实就是，我的路只有靠自己一点点开辟出来，即便失败了，能对后辈们有一些警醒作用，也算没白走一回。

进入公司的第二年，公司派我参加了美国行业协会主办的全美最大最权威也是历史最久的产品交易会。行业里大大小小的公司、剧院等演出产品的制作方或者代理方甚至艺术家团体、个人都会来参展，同时也有行业买方在这里了解和挑选自己感兴趣的演出项目和制作产品。这个交易会在最初只是美国国内的行业交易会，到了今天前来参展的早已经不仅限于美国的买方和卖方们，国际参展方已经占了很大比例，而且每年还在明显地增长。我所供职的公司不仅每年必参展，而且多年来一直是交易会的主要赞助商之一,负责布展和现场介绍公司代理艺术家和演出制作的主要是销售部门,而后来公司决定让我也参与其中是因为越来越多的中国剧院、经纪公司出现在参展名单里。

布展的时候我并没有参与,真正的交易活动开始第一天我才去现场。一进现场就先把我吓了一跳,真是不到现场不知道阵势。一直以来我以为自己是在行业里最大的公司工作,负责的是全世界第一流的艺术家,看到的应该是整个世界了,谁知道到了交易会上我感觉到自己好像一只井底之蛙。比我意料多得多的参展方、琳琅满目的商品,各种各样的演出项目,每一个都让我有迫不及待想要看的冲动。我自己的公司在展会现场占据了一个非常有利的位置,展位非常明显,我注册签到抵达展位的时候公司全体销售部门员工已经严阵以待,整整齐齐地排成一排站在展位周围,展位上是公司的各种宣传材料和产品介绍,后面的大屏幕上是我们的舞台剧宣传片,后面的座谈区有公司的经理人们在向购买方介绍产品。

我在展会上先是和销售们招待了一会儿对我们公司感兴趣的客人们,简单了解了一下他们如何向对方介绍我们的艺术家和制作,然后就在展区寻找中国过来的演出方,和他们聊国内的演出市场、观众们喜欢什么样的演出、什么样的演出对于演出方来说经济效益好,等等。当时过来的机构基本以北京、上海和广州的为主,其中好几家都是中演公司旗下的企业,和美国遍地开花的情形形成鲜明对比。不过能在这种行业展会上看到国内过来的熟悉面孔,已经让我很是欣喜。但是欣喜的同时我也看到国内行业发展的现状以及很多行业发展的问题，比如，他们并不了解海外演出市场，并不能应对海外观众的兴趣，呈现符合海外观众口味的制作等，与此同时，国内一大批高水准的制作并没有走出国门打出国际品牌的机会。

展会过后没几天，中国驻纽约总领馆文化处组织了一场座谈会，应邀出席的主要是国内过来参展的中方公司代表、文化部国际司的领导、美国几家在中国开展业务比较深入的演出艺术品制作经纪公司代表和媒体代表，我作为公司代表也应邀出席了座谈。

尼德兰德是纽约一家主要经营百老汇歌剧的经纪公司，老板谙熟中国市场规则，很早就将百老汇歌剧引入了中国市场，近年来业务不断拓展，从这一方面讲，比起刚刚才认识到中国市场重要性的我们公司确实更具有远见卓识。这家公司的老板作为主要发言人在为期一整天的座谈中主要和大家畅谈如何制作适应中国市场和中国观众的音乐剧。听起来这个话题和我自己所在公司的业务正好相反，但想法和逻辑如出一辙。演出市场的开放和交流其实本身就是双向的，国内的演出走出去，国外的演出送进来。

文化的地域性非常强，因此才需要文化交流。有一点是毋庸置疑的，在经济全球化的今天，唯有文化，应该走向的是全球化的反方向。这包括两方面的含义：一是回望过去，尊重历史，尊重过去，尊重原始文化本身；二是以本土文化特征为基点，发扬原汁原味的传统文化，做最真实的自己。

当时在座的都是国内行业的相关政策制定者和走在行业最前沿的人，他们是市场大方向的掌舵人，我则是以一家本土公司代表的身份坐在这里，而经纪公司无疑是行业里真正的操盘手，无论是身在这边为国内市场从外围努力，还是今后回国从内部发力，都让我感觉到自己身上的担子很重。

不同文化的发展方向不好预言，但当下我们能做的是认真对待过去：何为古典，何为经典，何为中国文化的传统，何为中华文化五千年传承下来的精髓，这些是真正作为一个文化工作者应该思考的。创新是文化产业发展中必不可少的，但不代表放弃文化的根基与历史一味地求新。回首我自己经历的两届纽约爱乐春节音乐会，西方本土观众们印象最深反响最强烈的是身着蒙古服饰用蒙古语唱的民谣和在台上甩着水袖的京剧唱段。中国舞剧《丝路花雨》在纽约林肯中心首演当晚，坐在我身边的一个美国人遗憾地对我说，要是有字幕可以简单地介绍一下故事情节就更好了。他通过舞蹈动作和音乐了解了大概，但更想知道完整的故事。红缨束女子打击乐坊在纽约外百老汇上演音乐剧《木兰》的时候，我的美国同事第一场就跑去买票看演出。我问他为什么，他说从小看迪斯尼动画片《木兰》就知道这个古老的中国故事。这样的例子比比皆是，最能被其他文化人群好奇和记住的是真正民族性的东西。这应该带给我们一种自信，一种应对外来文化冲击的自信，我们要怀揣这种自信去探寻文化的根基，一个民族的灵魂。流行音乐肆虐有什么可怕？外来文化抢占市场为什么要恐惧？人们有着对新生事物和外来文化的好奇,这本是好事,这种好奇和对固有文化的传承和秉持并不矛盾冲突,也正是这种好奇才形成了文化交流的市场。

当然,我们都在探索。换句话说,行业和我,要走的路都还很长。

面对质疑

入行以来,时常会面对别人对行业的质疑,主要集中在两方面:经纪公司存在的意义究竟在哪里?经纪公司的存在是否以牺牲艺术为代价过度追寻商业价值?

必须承认的是,经纪公司的本质是营利性企业,注重的是商业市场,以商业宣传和培养艺术品受众为途径,以推广艺术、提高艺术品价值和认可度为最终目标。这其中不免运用商业手段,或者说,经纪本身就是一种商业行为,这本身并没有什么不对,我对此也没有异议。但社会对行业的看法却在此基础上出现偏差,人们戴着有色眼镜审视这个行业和它存在的价值,似乎"文化艺术"一旦扣上了"商业运作"的帽子就失去了艺术本身的价值,变得俗不可耐。但经纪行为的前提并不是牺牲艺术性或者艺术品本身的价值,也并非一定以此为手段。从初衷来看,提高艺术价值的同时也普及艺术,这一点和艺术本身存在和得以传承的诉求是合一的。尤其在现有的商业化社会里,离开商业化的运作和通过商业手段的推广,艺术本身并没有办法得到长足的发展和普及，闭门造车并不能打造一个拥有未来的行业。一个国家可以向西方开放，商业可以向全球开放，为什么艺术不能够向商业市场开放？经纪公司的存在使得艺术家可以专注于艺术品本身，可以使他们摆脱商业运作的困扰，避免承担很多商业运作部分的职责。各司其职，恰恰是保护了文化艺术的传承和自身的纯粹性。反之，没有市场的艺术自然不能得以广泛流传，要担忧每天靠什么挣钱吃饭的艺术家无法专注于艺术创作。更何况好的经纪公司多年来积累下来的资源和旗下艺术家艺术品聚集带来的规模效应，更可在经济学意义上助艺术家们一臂之力。这样何乐而不为呢？

也有更多人在质疑所谓的"商业演出（商演）"，认为因为商演背后是强大的企业赞助，随之而来的是商业冠名和铺天盖地的商业广告，高雅的艺术被实实在在扣上了商业的帽子，企业为了达到宣传自己的目的完全忽视赞助行为本身的社会价值，对自己企业的宣传掩盖了艺术品自身，本末倒置地使得艺术品（包括演出、展览等）自身变成了一场大型广告秀，成了商业的傀儡，这种质疑在中国尤其多。我对这种质疑表示理解，也在某种程度上赞成，但究其原因是不正当的操作和不够规范、不成熟的行业本身所致。在国外，也有所谓的冠名，除了演出本身，就连演出剧场都通常以出资人或者企业命名，百老汇上每一个歌剧院都有自己的名字。卡内基音乐厅有威尔厅、藏可厅，林肯中心有大卫·寇克厅、费雪厅等，就连剧场里面的每一个座位都有名字。再看每一场演出的节目册和海报，也都少不了赞助商的名字和广告。商业演出和冠名都不是什么不正当行为，但其中度的把握就全靠操作团队了。所谓的分寸日积月累便会成为行业约定俗成的规矩，但在最初开始设定的过程中会左右摇摆遇到很多阻力走一些弯路，现阶段国内的规范化就正处于这种左右摇摆的过程中。既然是尝试就会有偏差和错误，社会却不能因为一些特例而否定了广义上的商演价值。严格意义上说，演员收取了演出费的演出都是商演，一场演出除了艺术家的费用外，还有高额的制作费用和市场宣传费用等，票房收入不足以支撑全部项目运作的时候依靠的就是赞助，有了赞助大多数的演出才能够成形。演出市场以外，视觉艺术市场上的展览等也是同样道理。

总而言之，心平气和地看待艺术、经纪和商业三者的存在与价值，他们其实是同一条船上的三个人，各司其职缺一不可，有所专才能有所长。

生活没有翅膀，我是谁

出国前的日子里，妈妈提到最多的一句话就是：从北大毕业了你就不再生活在北大学生的光环下，你是你，平凡的你，和别人在同一条起跑线上的你，放下你的高傲和北大情怀，脚踏实地。

周围很多人都不断地质疑我选择的这个行业，首先提出反对意见的就是我的父母。他们从我决定申请这个专业的研究生开始就百般阻拦我，在这个问题上我和他们的关系一度变得非常糟糕，可以用僵持来形容。回想那个时候的自己，心中怀着一个大大的梦想，带着那种初生牛犊不怕虎的冲劲。

开始了自己的纽约生活之后，心情在每一个阶段会经历很多变化。有时我觉得生活美好得无以复加，有时又感觉不知道为什么生活里充斥着烦恼和挫折，身边的一切都那么陌生。心情最差的时候，重新看了一遍《北京人在纽约》，经典不愧为经典，二十多年过去了，依然能产生那么多的共鸣。有时候重读经典会带来更多更深的感触，是因为你自己也经历过，正如出国以后重读钱钟书的《围城》也让我有了很多全新的认识和看法。别人都觉得你的生活好、赞美你的工作的时候，你自己最清楚这其中的苦恼，而你所看到的别人的生活中也有你所想象不到的苦衷。人活在世上，无论在哪座城市从事什么职业，首要的是需要清楚自己所追求的是什么，金钱、物质、声望，还是精神上的满足。

今天的我，做着曾经梦想中的工作，每一个知道我工作的人都万般羡慕，它听起来光鲜有趣充满挑战，外加让人充满好奇，必须承认这一点大大满足了我心底那点小小的虚荣。但其实并没有几个人真正了解我每天具体做些什么，更无法理解在这个行业里面我的处境。首先经纪人是一个不太被人们了解的行业，大家能想到的大概只有明星和舞台，但真正最能够形容这个幕后行业的一个词却是"付出"。你每天所做的事情和绞尽脑汁想要达到的目的是让艺术家们成名和成功，他们得到认可的同时从来不会有人说他背后的经纪人是谁，付出了多少，但那是你最快乐的时刻和最有成就感的地方。经纪人和媒体磨破了嘴皮安排了一个个采访，自己的名字却从来不会出现在报纸杂志上；经纪人夜不能寐想出一个个点子策划了大大小小无数演出，自己却永远躲在幕后看着艺术家们接受鲜花和喝彩；艺术家们演出成功皆大欢喜的时候，经纪人跟着一起高兴，而出现了危机需要救火的时候，冲在最前线接受挑战的通常还是经纪人。除此之外，经常在工作中遇到困难或者进展不顺利的时候，我都会非常强烈地感受到自己是在拿自己的短处和周围人的长处竞争：语言、身份、性别、性格，甚至包括年龄。这些都不是我凭空想象出来的，短短几年的职业生涯我几乎在每一点上都切身体会到自己的劣势。

  作为一个外国人，文化领域的入行门槛很高。这不是一个和金融或者IT业一样单靠拼智商就可以站稳脚的行业，看起来这个行业没什么技术含量，但其实拼的都是软实力，这其中有与人沟通的能力、领导力等，这些需要对文化的深入了解和深厚的底蕴。但这些恰恰是我最缺乏的。我二十多年受到传统的中国教育，骨子里都是典型的东方文化，现在要强迫自己去熟悉西方文化，以西方的方式把自己伪装成为一个文化通，这样对方才会信任你服你。我是一个性格没有那么外向的人，更没有那么强势，有时候甚至喜欢把自己关在家里足不出户，但要在这个行业占有一席之地，参加社会活动、广交朋友是必不可少的,甚至是我们工作的一部分。而且在各种场合要撑得起来才可以降得住对方,经常有时候觉得绷得自己都累。再说到性别,也是显而易见的弱项,因为这个行业里多数成功的都是男人,只有男人的韧性和抗压能力才可以胜任这份工作的高强度和重压。作为一个女人,直到今天我都还时常觉得自己不堪重负,在心理上和身体上都在经受着极大的挑战。

语言是我刚刚入行的时候面临的另一个挑战。这是一个靠着说话吃饭的行业,我是用自己的第二外语和别人的母语比拼。还记得公司刚刚决定把我留下来的时候,老板曾经找到我说我的语言不过关,公司愿意出学费给我请一个私教,每周上课两次,专门训练我与人谈判。刚刚听说的时候心里很难过,觉得受到了极大的侮辱,从中学开始我就是英语实验班的,在大学时候也上了很多英文授课的课程,参加的社团活动都是英文的,就连出国攻读研究生学位也没有在语言上遇到任何问题,现在工作了竟然被批评说语言不过关。回家反思了一下觉得这也是公司对我的培养,老板直言不讳地提出来并给出解决办法,总比以这个为理由直接拒绝留下我好。再说,实习期间由于不了解西方人的沟通方式和一些语言用词背后的意思也着实吃了一些亏,还记得刚刚开始工作的时候最害怕的就是接电话,因为总也听不清楚对方快速报上来的公司和姓名,一遍遍问得自己都不好意思了,有时候对方更是会失去耐心。在我加入公司以后,曾经有过一个和我差不多背景的中国女孩来公司实习,结果没有过试用期就被炒鱿鱼,理由恰恰是不会接电话。这么一想能有机会多学习毕竟不是什么坏事,于是我开始了私人课程,总共上了大半年的时间。课上老师会根据我的日常工作设定一个情景,然后模拟对方的立场和我辩论、谈判,顺便给我讲一些西方传统和文化等,有时候还会修改一些重要的工作邮件。

身份上的问题就更不用说了,这是每一个外国留学生想要在异国生存下来都不得不面对的问题。研究生学位拿到后每个人都获得实习一年的机会,而每个人都需要在这一年之内先找到公司愿意提供给你实习的机会,然后找到一个愿意帮助你办工作签证的公司,最后是要在合适的时间成功地向移民局申请下来工作签证。整个过程说起来容易,每走一步其实都没那么容易,不然也不会成为每一个留学生最头疼的问题。有时候为了拿到身份,不得不勉强接受一些公司并不太合理或者并不丰厚的待遇;有时候为了保留住身份,有了好工作也不敢跳槽而是要等到合适的时机才可以动一动。因为移民局开放工作签证申请一年只有一次,最近几年还好,因为就业市场不好,每年的工作签证名额都不会申请时间一开放就被用完,而以往是要摇号的,但一年之内申请的所有签证都统一在 10 月 1 日生效,生效前如果实习身份过期便不能合法工作。因此实习期一般大家都不敢轻易离开美国以免再次入境时出现麻烦。所有这些都在这几年内一点点摸索清楚,每个人都经历了不熟悉、咨询别人、自己摸索、帮别人出主意到最后自己成为身份问题专家这个过程,而我自己也是在身份转换过程中遇到了时间上的问题而导致一个月不能到公司上班,更没有收入。这些经历过去之后可以轻描淡写地一语带过，还好，一切都已经过去。

再来分享一下每天我们都在做的事情，这几乎是别人对我所从事的行业最疑惑最好奇的地方。绝大多数人脑子里反映出来的都是我们成天和明星出现在各种活动的场景，这是我们唯一会被公众看到的时候，但也只是我们工作极小的部分。绝大多数时间我们在办公室里回邮件，讲电话，事无巨细，任何一个小细节都不得疏忽。办公室里最常见的景象是每个人夹着电话边讲边敲打电脑键盘回复邮件，或者在手机上回着短信，邮箱里新的邮件隔三岔五蹦蹦跳跳地弹出来，左边老板在喊你的名字紧急要这个要那个，右边秘书替你接了另外一个你无法接听的电话，然后给你记下长长一段留言。而且艺术家们在世界各地演出有时差，永远无法预期哪个人在世界的哪一个角落什么时候出现一些突发情况，于是我们的手机永远开着，睡觉也不敢调成静音。即使是非工作时间也随时都在回邮件，每天包里都是两个手机，艺术家们每天的行程安排和年度计划随身携带，以保证出现各种情况都可以随时找到可以解决问题的人。每天二十四小时每周七天，从走上这个工作岗位起就自动被定义为我们的工作时间，如果只用一个词来形容我的工作，那么就是"琐碎"。很多人都不理解我，这其中包括朋友和我的父母，他们抱怨我忙起来的时候找不到人，和朋友约好了有什么活动随时都可能因为突发状况而不能赴约，就连自己的男朋友都会时常误会和抱怨，因为约会的时候常常被电话和短信打扰，还经常在晚上和周末突发事件发生后接到工作指示，然后立刻就要进入工作状态。为了这个，四年里没少和男朋友吵架，也没少和父母发脾气。

这四年来对于我自己的心态也是很大的考验。我们是社会化的动物，天性让我们和周围的人比较，争强好胜的特性又让我们永远不知道满足地奋斗。我所从事的行业使得我每天接触到很多名人，在纽约这个物质和金钱欲充斥的社会上更是看到各种华丽的场面和奢华的生活，而我每每在这些活动结束之后回到家，关起门还是面对自己的小房间自己的小世界。每个月还是拿着那点固定的工资，买东西的时候还是要算计着省着，有时候会恍惚地觉得自己似乎在两个世界里面穿梭，经常搞不清自己究竟是谁，哪一种才是我的生活？必须承认我也犹豫过彷徨过，怀疑过自己所从事的工作，甚至想退缩回去。可有句话说：自己选择的路，跪着也要走完。内心总觉得自己是要证明什么。

漂泊的价值

纽约中城一栋六层高的住宅楼里面一个大公寓房，那里有我的一间卧室。这栋战前修建的楼从外面看已经饱经沧桑，红色的砖已经变成深棕色，本来乳白色的装饰也早已是土黄色。楼里经过一次又一次的翻修还算比较新。这间公寓一共有三个独立房间，除此之外就是厨房、洗手间外加两个走廊，没有客厅没有阳台更没有娱乐区，我和其他两个室友一人一个房间在这里已经住了三年还将继续住下去。我自己的房间大小不过十平方米左右，东西满满地塞进了壁橱和储物柜，写字台是从波士顿搬过来的，陪伴我有五年了。床是大学同学离开纽约时送给我的，当时我还开玩笑说只要自己还住在这座城市就帮她留着，以后她有机会回来还可以顺便看看这张自己曾经睡过的床。墙上贴满了照片，窗户正对着马路，对面是一家百老汇剧院，每天晚上剧院散场的时候都特别热闹。这就是我每天下班回家以后的全部，没有什么不好，所有人都说这个地理位置绝佳，去哪里都方便，而且环境热闹永远不会寂寞。当然了，房子条件有限，因为我还付不起纽约上东区的昂贵房租。这些大概和大家预想的纽约生活多少有些出入。不是每个人都过着《绯闻女孩》里面富二代的生活，也不是每个人都过着《欲望都市》里面四个女人纸醉金迷的生活。纽约，在外人眼里是时代广场的霓虹灯，是华尔街漫天飞舞的钞票，是哈得孙河上驰骋的游艇，是自由女神手上那盏火炬，而在居住在这里的人眼里，它无非是一座城市，一座你工作和生活在其中的城市。你爱也好不爱也罢，你就在这里，和在其他城市或许没有太多区别。

截至目前，我只居住过三座城市：北京、波士顿、纽约。真正走出校园步入社会是从纽约才开始的。从北京到纽约，一万多公里跨越半个地球，飞机也要飞十三个小时，当年飞出来的时候那十三个小时也同时让我的生活状态从安定走向了漂泊。至于今后，不确定会在哪里，但一定在某一个角落，有那么一个时刻，漂着漂着就安定下来了。

漂泊这个词对于新留学时代的我们和过去已经大不一样了。全球化的背景和自己国家的进步让我们在异国他乡并没有感受到以往那些不公平的待遇和异样的眼光，固然较当地人还是困难重重，需要比别人付出更多的努力才能和别人平起平坐，但毕竟面临的机会多了，选择也多了。很多人留学毕业后选择立刻回国，也有人工作几年以后回国发展了，还有一部分人则如我一样留下来了。有的人在等待机会，有的人在创造机会。地球村让"身在哪里"变得前所未有地不重要，谁会一辈子生活在一处？每天有多少空中飞人飞来飞去。只要清楚自己在做什么，方向在哪里，就算漂泊也坚定。

有人说，漂泊是为了追逐梦想，但其实追逐梦想不一定要漂泊。这本身没有什么约定俗成的轨迹，更没有什么规则可言。纵观历史上的成功人物，多数都是因为独辟蹊径才傲然独立，走在别人铺就的老路上的人多平平淡淡碌碌无为。大家的目标都是梦想，但道路都不同。今天的我在专注于走自己的路。

平时和朋友们在一起聊天的时候很少谈论到一些价值观的问题，因为每个人所从事的行业不同，处境更不一样，尤其我所从事的行业，大家看到的都是光鲜的一面，却鲜有人知道其实行业收入并不高，在纽约这座城市，和做金融的完全无法相比。类似的话题聊得最多的大概要算和我的俄罗斯同事，她曾经是我在公司的导师，后来成了合作项目最多的同事。大概因为她的处境和我非常相像，同样是学习国际关系出身，毕业后投身艺术行业来到美国，进入公司后从项目协调开始逐渐成为经理人同时兼做项目制作。时常看到她我仿佛能看到自己十年后的样子。每次和她一起做项目到最水深火热的时候两个人就会在一起抱怨，但是总带着非常乐观的情绪。因为我们知道不管中间经历多少不快，最终的结果都会是好的，这是这个行业最吸引人的地方。我们会在一起讨论究竟什么是成功，究竟要用什么来衡量成功。是工资条上的数字，节目册上你的名字，还是坐在幕后听到掌声时候的快乐和满足感？我们和华尔街上的人一样最早开始工作最晚下班，操同样的心，却远远拿不到华尔街的工资，用金钱衡量，我们简直失败透了。时常我们也会这样嘲笑自己，但几次想要离开的时候，才发现自己其实是多么舍不得，于是一次次地犹豫之后又一次次地更加坚持，直到今天还依然在这个行业里打拼着，内心十分满足和充实。忘记是谁不止一次告诉我：认准一件事情，只要你管它叫作你的事业，它就绝不会亏待你。我相信有一天我会证明这句话。时间久了以后心态会慢慢平静下来，就如同现在的我，习惯了经常性地转换，反而更加清楚自己是谁，什么才是我自己的生活。

到今天，被人问到、自己思考也是和别人讨论得最多的话题便是去或者留。留在美国继续背井离乡，一年见爸妈和家人两次，错过各种活色生香的日子，或者卷铺盖回到生长的地方，回到爸妈身边，做回那个乖巧的女儿，过回那种安稳平淡的生活。似乎我们都在艰难地抉择，把去或留的理由一遍遍罗列在心里，试图哪一天可以毅然决然。可事实是依然沉默着犹豫着思考着继续着，耳边每天都有各种声音让我们摇摆不定。我们被前人的经验和教训左右着，芸芸众生都随了大流，常常到了知天命的时候回头觉得一生其实落来一声叹息，似乎从来没有活出来自我。那么为什么不在年轻时蹚出来一条自己的路呢？

那么近·那么远

世界上任何两个事物之间都有距离，但远近却无法简单地概括，因为有一种距离，物理学无法丈量。

我的家，还有父母，远在地球的另一边，但每一天我都能感受到他们的温暖。

我的祖国，也在一万多公里以外，但越是远离就越是紧握。在国内的时候我不会刻意向谁去证明我是中国人，或者每天在心里告诉自己我是中国人，但在这里，这是我区别于他人的地方，优势也好劣势也罢，我是中国人。

梦想和成功，你觉得成就梦想不一定就是最终意义上的成功，但没有梦想何谈成功。有时候成功近在咫尺，踮起脚尖就可以触摸；有时候它却远得让我们失去靠近的勇气。

走在路上，梦想忽远忽近，像是个爱捉弄人的小鬼，但我坚信我的努力终会让我靠近。于是我在思考要怎么做，明天的路向哪里走，梦想才能脚踏实地来实现。今天的一切告诉我梦是可以实现的，只要一步一个脚印，不用站在巨人的肩膀上，只要自己就可以给自己一个平台。够不到的时候，就踮起脚，或者跳一跳。关键是坚持和不忘记，从哪里来不重要，重要的是为什么来。

这个时代在考验着我们每个人，也在考验着一个国家一个行业。中国特殊的国情和特殊的阶段决定了这是一个并不轻松的时代，于国家于个人,如何健康地送出去迎进来,如何更深刻地理解西方也让西方理解我们,都是并不轻松的话题和并不短暂的过程。

我欣喜地看到一个行业的崛起,这必然伴随着问题的存在。浮躁的眼光看到问题时只会看到无望,客观的眼睛却反而看到的是生长的力量,这种向上的能量击败了停滞不前的阻力,这是我最欣慰看到的。曾经在接受电视台专访的时候我直言不讳地提出过关于中国文化走出去和已经走出去的演出中存在的问题。还是那句话:有问题不是坏事,我们已经迈出了第一步,这是最艰难的第一步。既然已经开始前进,或快或慢,只要有明天,我们就在前进。

后记 路·远方

小时候第一次去电台做节目,主持人叫远方,现在想想应该是艺名吧。当时觉得那是很好听的名字,但是播音员躲在声波后面,只闻其声不见其人。第一次见面发现她是一个很温柔的姐姐,素颜,却很有魅力,声音很温和。很多她主持节目时候说的话那个时候的我都还听不懂,不过脑子里一直记住了远方这个名字,充满期待和向往。

零零散散十万多字写下来,有机会把二十多年成长道路上的事情回忆一遍。每个人的人生都是点点滴滴串在一起的故事,关于爱与失去,关于成功与梦想,关于失败与思考,关于收获与感动。转瞬间脚下的路已经走了很远,也还有很远,所以把"远方"重新拿过来送给自己,送自己一个远方,给自己留着希望。

难得有闲的时候,我喜欢想,想过去,想未来。过去是一种回忆,成功或者失败都已经不重要，我想的更多的是以后，路在哪里，要怎么走。这个问题每个人都会问自己问别人，每个人的路都是自己走出来的，没有走过谁也不知道明天在哪里。

追逐梦想，和追一个你爱的人一样，需要付出，需要舍弃，需要正能量，需要行动力，所以比逐梦更来得实在的是筑造梦想，是用经历、日子和双手一点点建设起来的。这个过程或许漫长，在开始的时候需要清醒的头脑知道自己究竟想要什么。一旦上路又要不顾一切心无旁骛全力以赴。每个人在追逐梦想的路上都会遇到困难和挫折，没有人一路顺风，没有人一直被上天眷顾拥有运气。那些大大小小的困难和挫折让你迷茫，让你怀疑自己和未来，可这些在坚持面前都会变得渺小，最大的敌人永远是放弃。

敲下书中每一个字的时候，我心里无比地清醒，可以说是生命中最清醒的时刻，因为是要写自己，写自己的过去、今天和未来。光华与荣耀拼凑成昨天的记忆，喜怒哀乐是今天的故事，希望与憧憬正从远方一步步走近。实实在在的生命最值得认认真真来回顾和记录，所以我必须清醒，边写边反思：有人说我一路走来似乎一帆风顺轻而易举，从一贯的优等生实现了自己的梦想是因为我生活在一个条件相对优越的家庭，父母给我铺平了很多道路，给我的成功奠定了基础。这些是我要感谢生命给予我的恩赐，这种依靠让我少了很多后顾之忧，甚至失败对我来说也没什么大不了。但有了这些并不意味着百分之百的成功，每个人不能选择出身、父母和家庭，却可以选择自己的坚持和放弃。我很庆幸自己大大咧咧的乐观和不服输的坚持助我一臂之力。且行且思考是人生最惬意最超脱的状态。

必须承认的是，出来有些年了，社会上形形色色的人和事也看过一些了，当年在校园里踌躇满志搭起来的梦想确实没有当年那么辉煌和美好了，似乎冲劲也没有当年那么足了。总是拿年龄调侃自己，用"老了"作为自己堕落的理由。其实都是放纵，二十多岁的年华又有什么理由去谈放弃和承受不起。身在美国，伴随着异乡人的孤单有一个最大的好处就是"异乡人"的压力反而小很多：大街上有那么多怪人，你走在其中，根本没有人管你有什么不一样，更没有人管你是在干什么。只要你自己知道自己的方向，给自己一点时间，勇敢地拒绝成为"他们"，从容地按照自己的轨迹成为"我"。今天的我依然清楚梦想不能当饭吃，却依旧在追求着梦想，依旧在努力。

落笔至此，想要感谢的人太多，鄙人不才，有你们这些人爱我：

献给我的家人——我的父母和姥姥。每一个人都为我的成长付出了太多也放弃了太多，我知道我走到今天的每一步背后都有你们莫大的支持和鼓励，今后我也会在你们的鼓励下继续走我的路。养育之恩至今还没有机会报答，我知道也是我此生报答不尽的。我不是个冷血的动物，自古说"忠孝难两全"。我想让你们为我感到欣慰和自豪，于是我一直在奋斗，我相信自己，也请你们相信我。

献给我将挚爱一生的"实验"和北大。那里是我长大成人的地方，更是我追逐梦想的地方。离开多年还是一直有一种说不出道不尽的情怀，每每在提到她们的名字的时候，不管身在何方，都能感受到温暖。

献给所有为我的成长付出过、努力过、助我一臂之力的人——我的老师、同学、同事、朋友，你们都是我的恩人，生活因你们而精彩，生命因你们而有意义，是你们助我一天天成长为一个健全的人，是你们带给我每一天的喜怒哀乐。每一个人的生命中都承载着无数的感恩，这种感恩是生命中最奇妙的不可思议。

献给我到今天为止整整五年的"美漂"生活。苦中作乐也好，乐中有苦也罢，选择了一条路的同时也选择了一种生活状态，选择了一种奋斗和一种坚持。所有的收获让我从来没有后悔过，更从来没有想过回头。

献给我二十七年的成长经历。很多大道理我还没有资格谈，人生才走了这么一点点，只是是时候要总结一下了。总结过后，心绪经历了跌宕起伏，归于平静，生活继续，不会觉得漂泊，也不会觉得身在异乡。有一句话说：心安处，是吾乡。

是为后记。

余　歌
2013 年 5 月
于纽约